KB253856

기술수용모델(TAM) 접근을 통한

효과적인 지식경영을 위한 지식경영시스템

기술수용모델(TAM) 접근을 통한

효과적인 지식경영을 위한 지식경영시스템

이 정 섭 著

한국학술정보㈜

서 문

산업사회에서 공공 및 민간 부문의 조직들에게 필요했던 자원들은 인·물적 자원들로 이는 조직을 이끄는 동인으로 작용하였다. 하지만, 오늘날과 같은 지식사회에서 정보자원(information resource)은 인·물적 자원과 함께 새로운 원천으로 등장하고 있다. 각 경제주체들이 이러한 정보(지식) 자원을 중요하게 인식하게 된 배경에는 정보(지식)가 개인을 포함하여 조직들에게 경쟁력을 좌우하는 척도로 작용하기 때문일 것이다. 정보(지식) 자원을 창출·유통시키는 대표적인 도구로는 정보기술(IT)로, 그간 개인과 조직 관점에서 이에 대한 투자는 지속적으로 이루어져 왔다.

본 교재에서는 조직차원에서 효율적인 지식경영시스템(Knowledge Management Systems: KMS)을 통해 효과적인 지식경영을 달성하고자 하는 조직들에게 사용자 지향적인 지식경영시스템은 어떠해야 하는가를 소개하고 있다. 조직에서 도입한 정보시스템이 사용자 지향적이지 않을 경우, 사용자들에 의한 해당 정보시스템의 이용은 활성화되지 않을 것이다. 이러한 경우, 해당 정보시스템은 실패한 시스템이라 할 수 있다.

본 저서를 필요로 하시는 독자들께서는 아마도 기술수용모델, 지식경영, 지식경영시스템 등에 관한 지식과 정보를 이 책을 통해 유용하게 활용하시기를 기대하며, 미력한 저의 논저를 받아주신 한국학술정보(주)의 사장님 이하 관계자분들과 권현옥 선생님께 이글을 통해 매우 감사함을 표합니다.

2005년 9월　저자 드림

목 차

그림 차례

제1장 서 론

제1절 연구의 배경과 목적

정보기술(IT)은 오늘날 조직의 업무 및 프로세스의 효율성과 효과성 제고, 경영의사 결정의 지원 및 활용, 생산성 향상 등을 도모할 뿐만 아니라 조직의 경쟁우위를 달성하는 전략적 도구로 인식되고 있다[Kettinger et al., 1994; King and Sabherwal, 1992; Tavakolian, 1989]. 이에 조직은 전략적으로 정보기술에 대한 투자를 증대하여 왔으나, 새로운 정보기술이 조직에 도입되더라도 조직 구성원들이 이를 이용하지 않을 경우 조직의 경쟁력 확보는 기대하기 어렵다.

이러한 이유로 그간 MIS 연구들에서 정보기술 이용이 주요 종속변수로 간주되어 그 중요성이 강조되었다[Delone and McLean, 1992]. 이렇게 정보기술 이용이 중요한 이유는 사용자들이 조직에서 도입한 정보시스템을 이용할 경우 개인은 물론 조직의 성공과 경쟁우위가 증대되기 때문이다[Snitkin and King, 1986; Mahmood, Hall, and Swanberg, 2001].

Davis[1989]는 정보기술 이용(혹은 수용)은 개인 및 조직의 성과를 높이는 측면이 있음에도 사용자들에 의해 종종 외면당하고 있다고 지적하였다.[1] Davis는 MIS 연구들이 근본적으로 사용자

---

1) 정보기술을 이용하려는 의도나 행동은 한글(영문)로 수용(acceptance)

14

4527들의 정보기술에 대한 태도 및 이용 의도에 가장 영향력 있
는 변수가 무엇인지를 탐색하여야 하나, 당시의 연구들은 이를
발견하지 못하였다고 주장하였다.

이에 Davis는 기대이론, 행동의사 결정이론, 혁신확산이론(Inno-
vation Diffusion Theory), 자기효능(self-efficacy)이론, 인간과 컴퓨터
관계이론, 마케팅이론 등의 방대한 문헌 조사를 통해 지각된 유용성
(perceived usefulness)과 지각된 용이성(perceived ease of use)이
라는 두 신념(beliefs) 변수가 사용자의 정보기술 태도(attitude)와
이용 행동 의도(behavioral intention)와 크게 관련성이 있음을 식
별하였다.2)

여기에서 태도와 행동 의도 변수는 사용자의 실제 이용을 가장
잘 예측하는 변수이고, 그 이론적 배경으로 사회심리학자들인
Fishbein and Ajzen[1975]이 주장한 합리적 행동이론(Theory of
Reasoned Action)을 근간으로 하고 있다. Davis[1989]와 Davis,

혹은 채택(adoption)이라는 용어로 사용되고 있다. 수용이라는 용어는
Davis, Bagozzi, and Warshaw[1989]의 기술수용모델 연구 이후에 많이
사용되고 있으며, 반면에 채택은 Rogers[1983]의 혁신확산이론 연구 이
후에 많이 사용되고 있다. 이러한 두 가지 연구에 따라 기존 연구들도
사용자의 정보기술을 이용하려는 의도나 행동을 "수용" 혹은 "채택"이
라는 용어로 혼용하여 사용하나, 이 용어들의 의미는 "정보기술을 사용
자가 이용하려는 의도(intention)나 이용(usage)"으로 의미상에 차이가
없어 본 연구에서는 통일되게 "수용"이라는 용어를 사용하기로 한다.
 2) 행동 의도는 행동 이전에 발생하는 사용자(혹은 소비자)의 행동적 의지
로 MIS와 마케팅 문헌들을 살펴보았을 때, 이는 이용 의도와 구매의도
로 분류되어 표현되고 있다. 이 행동 의도는 사용자(혹은 소비자)의 행
동의지를 포괄적으로 표현한 것으로, 비즈니스의 세부 관점에 따라 구
체적으로 이용 의도와 구매의도 등으로 표현되고 있는 것이다. 본 연구
에서는 MIS 관점이기에 "이용 의도"라는 표현을 사용한다[Davis, 1989].

Bagozzi, and Warshaw[1989]의 연구는 기술수용모델(Technology Acceptance Model; 이하 TAM)로 명명된 이후 많은 MIS 연구자들에 의해 지지되고 확장되었다. 여기서 주목할만한 점은 TAM을 확장한 연구들은 공통적으로 지각된 유용성과 용이성에 영향을 주는 외부 변수(external variables)들에 주안점을 두어 두 변수의 선행 요인들(antecedents)에 대한 탐색을 연구 주제로 삼았다는 점이다[Agarwal and Karahanna, 2000; Agarwal and Prasad, 1999; Chau, Au, and Tam, 2000; Davis, Bagozzi, and Warshaw, 1992; Gefen and Straub, 1997; Jackson, Chow, and Leitch, 1997; Igbaria et al., 1997; Straub, Limayem, and Karahanna-Evaristo, 1995; Szajna, 1996; Venkatesh, 1999; Venkatesh, 2000; Venkatesh and Brown, 2001; Venkatesh and Davis, 1996; Venkatesh and Davis, 2000; Venkatesh and Morris, 2000; Venkatesh and Speier, 1999; 김인재, 2000].

1최근에 TAM을 확장한 연구로 Venkatesh and Davis[2000]의 TAM2가 있는데, 이는 기존의 TAM에서 외부 변수들을 확장한 대표적인 연구이다. 이렇게 TAM에서 선행 요인들의 탐색이 중시된 이유는 조직에서 최종 사용자에 의한 정보기술 이용이 중요한 만큼 그 원인 변수들을 찾는 과정은 실무자들에게 사용자 지향적인 시스템을 구축하도록 도움을 제공하기 때문이다. 또한, 이러한 TAM의 외부 변수들은 최종 사용자의 정보기술 이용 의도와 실제 이용에 직·간접적으로 관계되어 있다. 이에 TAM의 외부 변수들을 확장한 연구들은 조직관점에서 최종 사용자가 정보기술을 이용하는 주요 동인들을 손쉽게 파악하도록 기여한 측면이 있는 것이다. 즉, TAM의 외부 변수들을 중시할 경우 조직은 시스템 개발 초기부터 사용자들이 원하는 시스템을 구축하게 되어 최종 사용자의 만족을 높이는 측면이 있다. 이에 결과적으로 조직은 시스템 개발 초기부터 최종 사용자의 요구사항을 반영한 시스템을 구현하게 되어 사용자들로부터 시스템 이용을 극대화할 수 있고, 이를 통해 조직은 경쟁우위를 기대할 수 있어 성공 가능성을 증대시킬 수 있는 것이다.

이 연구는 Davis[1989]의 TAM을 근간으로 하여 조직에서 도입한 지식경영시스템(Knowledge Management Systems: 이하 KMS)을 사용자가 수용함에 주요하게 영향을 주는 외부 변수들을 탐색하여 TAM을 확장하고자 한다.[3] 이는 현재의 TAM 연구의 경향에 따른 것이며 TAM의 외부 변수들을 탐색하여 기존의 TAM 연구들에서 검증되지 않은 일반적이고 중시되어야 할 요인들이 무엇인가를 찾고자 하는 것이다. 또한, TAM 관점에서의 KMS에 대한 연구는 현재까지 이루어지지 않고 있어 이 연구는 조직차원에서 사용자의 KMS 수용에 영향을 미치는 주요 요인들을 살펴보고자 한다. 이 연구의 목적을 세 가지로 논의하면 다음과 같다.

첫째, TAM을 근간으로 하여 KMS 영역 내에서 지각한 유용성과 용이성에 영향을 미치는 선행 요인들은 무엇이 있는가를 식별한다. 이를 위해 기존 문헌의 고찰과 탐색적 연구를 병행하

---

3) Alavi and Leidner[2001]는 KMS를 "조직의 지식을 관리하기 위해 응용된 정보시스템의 한 유형"으로 언급하였다. 즉, 조직 내에서 지식의 창출(creation), 저장(storage)/검색(retrieval), 전파(transfer), 응용(application) 등의 지식 프로세스(knowledge process)를 지원하고 향상시키기 위해 개발된 정보기술 기반 시스템으로 고려하였다.

여 주요 요인들을 탐색하고 이를 검증한다.

둘째, 일반적으로 TAM과 TAM2 연구들에서 간과한 요인들은 무엇인가를 탐색하여 이를 추가하고 검증한다. TAM은 Fishbein and Ajzen[1975]의 태도이론을 근간으로 하였지만, 단지 신념 요인만을 주요하게 고려하였다. 하지만, Fishbein and Ajzen[1975]과 Triandis[1980]의 태도이론들은 신념 요인과 더불어 감정(feelings) 요인이 태도 및 행동 의도에 주요하게 영향을 주는 변수로 간주되고 있다. 따라서 이 연구는 감정 요인이 TAM을 근간으로 한 사용자의 KMS 수용과 상관관계가 있는가를 검증하고자 한다.

셋째, TAM에서 고려한 주요 두 신념 변수들과 대등하게 중요하게 다루어져야 할 사용자의 이용 의도에 영향을 주는 요인은 무엇인가를 탐색한다. 그동안 마케팅 연구들에서 소비자의 제품(서비스) 구매의도와 구매에 주요하게 영향을 주는 요인으로 소비자의 지각된 가치(perceived value) 요인이 중요하게 다루어지고 검증되어 왔다[Dodds, Monroe, and Grewal, 1991; Zeithaml, 1989]. 이와 동일한 맥락에서 TAM에서 사용자의 정보기술 이용 의도에 사용자의 가치 요인이 주요하게 작동되는가를 이 연구에서 확인하고자 한다. 마케팅에서 소비자들은 구매 이후의 행동에서도 높은 가치를 제공한 제품(서비스)에서 만족(satisfaction)을 느끼며 재구매(repurchases)를 하게 되는 원인 변수로 가치 요인을 중시하였는데, 이와 동일한 맥락에서 MIS 분야의 TAM 연구에서도 사용자가 정보기술에서 지각한 가치 요인이 주요하게 이용 의도에 영향을 줄 것으로 기대된다.4)

제2절 연구 방법과 구성

　기존 TAM 연구들의 연구 방법 및 그 과정을 살펴보면, 흥미로운 두 가지 연구 관점이 발견되고 있다. 이는 종단적 연구(longitudinal study)와 횡단적 연구(cross-sectional study)로 나누어진다는 것이다. 종단적 연구의 대표적인 연구자들은 Davis[1989]를 중심으로 한 연구자들이며, 횡단적 연구들은 다른 일단의 연구자들에 의해 수행되고 있다는 것이다. 종단적 연구들은 조직 내에서 사용자가 새롭게 인지하는 정보기술(혹은 정보시스템)에 대해 시간적 경과에 따라 사용자가 인지한 TAM의 주요 변수들과 외부 요인들을 확장하여 요인들 간의 인과관계를 검증하여 왔다.

　이 연구들의 주요 초점은 TAM 연구 영역에서 일반적으로 적용될 수 있는 이론으로 인정받기 위해 최소 2개 이상의 가용한 정보기술과 조직을 대상으로 시간적 차이를 두고 사용자의 이용 의도와 실제 이용을 조사하였다. 이러한 종단적 연구 결과들을

---

4) 마케팅 연구에서 소비자의 지각된 가치에 주요하게 영향을 미치는 요인은 제품(서비스)의 품질(＋)과 이를 얻기 위해 소비자가 지불한 금전적/비금전적인 희생(－) 요인이다. 즉 소비자들은 제품(서비스) 품질에서 가치를 지각하는데, 이를 획득하기 위해 소비자들은 금전적/비금전적인 희생을 감수한다. 세부적으로 마케팅 연구에서 소비자들이 지각한 가치 요인은 가치→(만족)→구매의도→구매→재구매와 관계되는 것으로 다루어지고 있다[Dodds, Monroe, and Grewal, 1991; Flint, Woodruff and Gardial, 1997; Naumann, 1995]. 그러나 TAM 연구에서 현재까지 사용자의 가치에 대한 연구가 이루어지지 않고 있다. 그간 TAM 연구가 마케팅, 조직, 혁신 이론 등의 인접 학문 영역들과 관계되어 수행되었는데, 마케팅에서 다룬 사용자의 가치 요인이 정보기술 이용 의도와 상관관계를 갖는가를 본 연구에서 확인하려 한다. 이에 대한 구체화된 배경 이론 및 인과적 관계의 가설 부분은 각각 제2장의 제1절과 제3장의 제2절에서 기술하였다.

기초로 하여 이들은 TAM과 검증된 주요 변수들이 사용자의 정보기술수용에서 일반적으로 받아들여질 수 있는 요인이기를 기대하였다. Davis[1989]는 초기의 TAM 가정들을 검증하기 위해 기업과 학교 조직의 사용자들을 대상으로 각각 두 가지 정보기술 유형으로 사용자의 현재 및 미래의 이용 의도와 실제 이용 간의 관련성을 입증하여 TAM이 일반적인 사용자의 정보기술수용이론으로 자리 잡기를 희망하였다. 또한, Venkatesh and Davis[2000]의 TAM2도 새로운 정보기술이 도입된 네 개의 조직에 속한 총 156명의 사용자들을 대상으로 하여 종단적 조사를 수행하여 TAM의 외부 변수들을 확장한 이 연구도 일반화된 모델로 인정받기를 기대하였다.

반면에, 횡단적 연구들은 주요하게 TAM의 외부 변수들을 확장하여 이를 검증하거나 다른 이론과의 비교를 통해 TAM과의 인과관계를 검증하여 왔다. 횡단적 연구의 또 다른 특징은 특정의 정보기술 영역 내에서 기존에 검증되지 않은 새로운 개념들을 추가하여 이 변수가 TAM의 주요 요인들과 관련성을 갖는가에 초점을 두어 연구가 진행되었다. 또한, Davis가 TAM 연구를 위해 일부 차용한 혁신확산이론에서도 횡단적 연구가 중심이었는데, 이를 통해 새로운 정보기술이 사용자들에 의해 혁신적으로 인지되어 조직에 널리 확산되는 혁신확산의 특징들 중 어떠한 요인들이 주요한가를 검증하여 왔다.

이러한 TAM의 두 가지 연구 방법들 중 본 연구는 횡단적 연구 방법을 채택하였다. 그 이유는 본 연구가 TAM을 확장하여 여러 요인 및 변수들을 고려하기 때문에 적절한 표본 크기를 확보하여야만 연구를 진행할 수 있을 것으로 예상되었기 때문이다. 즉, 본 연구는 TAM과 TAM2에서 고려한 요인들보다 더 많은 변수들을 고려하고 있어 이들 연구보다 더 큰 표본이 요구된다. 또 다른 이유로는 TAM의 과거 연구들을 관찰하였을 때, 횡단적 연구가 종단적 연구에 비해 열등하거나 가치가 떨어지지 않는다고 판단하였기 때문이다.

본 연구의 내용들을 간략히 열거하면 다음과 같다. 제2장에서 사용자의 기술수용에 관한 이론과 기존 연구들을 살펴보았고, 제3장에서는 기존의 연구들을 바탕으로 본 연구의 모형을 설계하고 연구 가설 및 방법들을 논의하였다. 제4장은 자료 분석과 논의에 대한 것으로 수집된 자료를 분석하여 본 연구에서 설정한 가설들을 검증하고 시사점을 논의하였다. 마지막의 제5장은 결론 부분으로 본 연구의 분석 결과를 토대로 연구의 의의를 논의하고 한계와 미래 연구 방향 등을 논의하였다.

제2장 배경 이론

본 장은 제1절에서 사용자의 정보기술수용의 주요한 이론들과 과거 연구들을 살펴보았다. 제2절은 지식경영시스템(KMS)과 사용자 수용에 관한 기존 연구들을 고찰하는 부분이지만, 현재까지 KMS와 관련하여 TAM과의 관련성을 연구한 문헌들이 발견되지 않고 있다. 하지만 과거에 유사하게 수행되었던 연구들을 정리하여 본 연구의 목적에 부합되도록 서술하였다. 그리고 제3절에서는 기존 연구 및 탐색적 연구를 근간으로 하여 사용자의 KMS 수용에 주요하게 영향을 미치는 요인들을 식별하였다.

제1절 정보기술수용의 이론적 배경

기존 연구들에서 사용자에 의해 정보기술이 수용되는 과정을 검증했던 주요 이론들은 네 가지이다. 이는 합리적 행동이론(이하 TRA), 계획된 행동이론(Theory of Planned Behavior; 이하 TPB), 기술수용모델(TAM), 혁신확산이론(이하 IDT)이다[Venkatesh and Brown, 2001]. 정보기술수용의 주요 이론들은 이렇게 네 가지로 나누어지지만, 이 이론들은 크게 두 영역으로 구분하여 조망해 볼 수 있다. 이는 사용자의 태도와 행동 의도를 중심으로 한 이론과 혁신확산 측면의 이론이다.

전자는 Davis[1989]와 Davis, Bagozzi, and Warshaw[1989]가 TRA를 근간으로 하여 사용자의 태도와 행동 의도에 영향을 주는 선행 요인으로 지각된 유용성과 용이성을 중심으로 한 기술수용모델과 이를 계획된 행동이론으로 응용된 연구들로 이는 사용자의 정보기술에 대한 태도와 행동 의도를 근간으로 확장되었던 연구들로 간주해 볼 수 있다. 후자의 혁신확산이론은 사용자가 새로운 정보기술을 채택하려는 과정을 혁신확산으로 고찰해 본 것으로 판단해 볼 수 있다.

이렇게 사용자의 정보기술수용에 대한 두 이론들을 바탕으로 본 연구는 TAM의 배경이론이었던 Fishbein and Ajzen[1975]과 Triandis[1980] 등의 태도이론을 먼저 살펴본다. 그리고 본 연구의 세 번째 목적 부분에서 언급했듯이 마케팅 연구들에서 소비자의 행동 의도에 주요하게 영향을 미치는 요인인 소비자의 지각된 가치에 관한 기존의 마케팅 연구들을 고찰하고, TRA, TPB, TAM, IDT 순으로 사용자의 정보기술수용에 대한 과거 연구들을 기술한다.

2.1.1 태도와 행동 의도

태도(attitude; 이하 A)는 일반적으로 인간 행동의 여러 결정 요인들과 관련하여 행동에 영향을 미치는 많은 요인들 중 하나로 인식되고 있다. 이러한 태도에 대한 정의들은 매우 다양하지만, 사회과학에서 일반적으로 받아들여지는 태도는 "어떤 대상에 대해 호감(like) 또는 비호감(dislike)을 나타내는 것"으로 정의되고 있다.5)

---

5) 여기서 대상은 현실세계에서 다양한 형태로 존재하는 모든 사물을 의

일찍이 Allport[1935]는 태도를 "지속적으로 호감 또는 비호감 방식으로 대상군 또는 대상에 반응하는 경향(predisposition)으로 학습된 것"으로 정의하고 있으며, Fishbein and Ajzen[1975]도 학습적 측면에서 태도를 "주어진 대상에 대해 지속적으로 호의적 또는 비호의적인 반응을 일으키는 학습된 경향"으로 정의하고 있어 상기한 태도에 대한 정의와 거의 유사하다고 할 수 있다.

반면에, Triandis[1971]는 태도를 "개인의 행동 분류가 사회 환경 내에서 특별 분류로 나아가려는 경향을 포함하는 감정(liking/disliking)과 관련된 아이디어"로 정의하고 있어 감정(affection) 요인을 중시하고 있으나, 상기 연구자들과 유사하게 감정을 호감/비호감으로 구분하고 있다. 이러한 태도의 속성들을 살펴보면 <표 1>과 같이 다섯 가지 속성들을 갖는다[Berger, 1992; Fazio and Zanna, 1978; Greenwald and Katosh, 1987; McGuire, 1964; Smith and Swinyard, 1983].

미한다. 경영학과 관련하여 마케팅 분야에서 대상은 제품, 브랜드, 상점 등이며, MIS 분야에서는 정보기술의 여러 형태들로 정보시스템, PC, 프로그램 등이 대상에 포함될 수 있다. 사람들은 이러한 대상들에 대해 자신이 습득한 지식과 연계하여 긍정적 혹은 부정적 평가와 태도를 취하게 되는 것이다[Davis, Bagozzi, and Warshaw, 1989].

<표 1> 태도의 속성들

속성	내용
유의성(valence)	태도는 긍정적, 부정적, 중립적 특성을 갖는다는 것으로, 사람들은 같은 대상이라 하더라도 호감, 비호감, 무관심을 표출시킬 수 있다는 것이다.
극단성(extremity)	태도는 호감 또는 비호감의 강도가 다르다는 것으로 사람들은 한 대상을 매우 선호하나 다른 대상은 매우 선호하지 않는 양극단의 특징을 갖는다는 것이다.
저항성(resistance)	태도는 변화에 면역성을 갖는다는 것으로 사람들은 대상의 변화에 크게 저항하거나 반대로 아주 쉽게 그 변화에 순응하는 특성을 보인다는 것이다.
지속성(persistence)	태도는 시간이 경과함에 따라 매우 점진적으로 변화해 간다는 것으로 사람들은 대상에 대한 호감 혹은 비호감의 태도가 점차적으로 중립적인 태도로 변화해간다는 것을 의미한다.
확신성(confidence)	태도는 사람들이 대상에 대해 옳다고 믿는 신념을 표출시킨다는 것으로 대상에 대한 확신성의 정도가 높음을 의미한다.

    과거의 전통적인 태도 모델은 <그림 1>과 같이 인지적(cognitive), 정서적(affective), 행동적(conative) 구성요소로 형성되는 것으로 고려하였다[Rosenberg and Hovland, 1960]. 인지적 구성요소는 대상(object)에 대한 사람들의 지식과 신념(beliefs)을 말한다. 정서적 구성요소는 대상에 대한 사람들의 감정(feelings) 표출을 의미하며, 행동적 구성요소는 대상에 대한 사람들의 행동과 경향(tendency)을 의미한다.6)

---

6) 본 연구에서 다루어지는 감정과 관련된 영문 표현은 크게 세 가지로, feeling, affection(affect), emotion이다. 사전적으로 이들 단어들은 약간씩 차이를 보이고 있다. feeling은 감각(sensation)에 대해 사람의 마음이 받아들여지는 느낌 상태를 말하며, affection(affect)은 호의적 감정과 애착을 의미한다. emotion은 사람의 마음 전체를 지배하는 강렬한 감정(feeling), 감동, 육체적 변화(눈물, 땀 등)까지 수반하는 감정상태를 말한

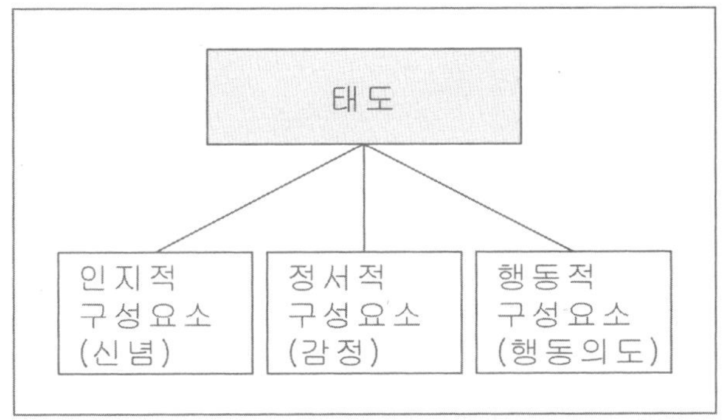

<그림 1> 태도의 전통적인 세 가지 구성요소

그런데, 현대에 와서 태도에 대한 연구들에서는 <그림 2>와 같이 인지적 구성요소인 신념과 정서적 구성요소인 감정이 태도의 결정 요인으로 작용하고, 태도는 행동적 구성요소라 할 수 있는 행동 의도에 영향을 준다는 견해가 지배적이다[Batra and Ahtola, 1990; Zanna and Rempel, 1988]. 즉, 행동 의도(behavioral intention; 이하 BI)는 태도의 구성요소가 아니라 태도에 의해 영향을 받으며, 실제 행동과 밀접하게 관계되고 행동을 예측하는 것으로 검증되고 있는 것이다[Miniard, Obermiller, and Page, 1983; Warshaw, 1980; Warshaw and Davis, 1985].

다. MIS 연구들에서 등장하는 감정에 대한 표현은 주로 affect와 emotion이다[Compeau and Higgins, 1995; Compeau, Higgins, and Huff, 1999; Venkatesh, 2000]. Fishbein and Ajzen[1975]의 태도이론에서 affect는 feeling을 구성하는 요소로 언급되고 있으며, emotion은 의미로 보아 사람의 마음을 크게 움직이는 감동에 가까운 감정상태를 말하는 것으로 보여진다. 이들 세 가지 영문 표현을 한글화함에 어려움이 있지만, 이 논문에서는 feeling과 emotion을 "감정"으로, affect를 "정서"로 표현하고 영문표기를 함께 명시한다.

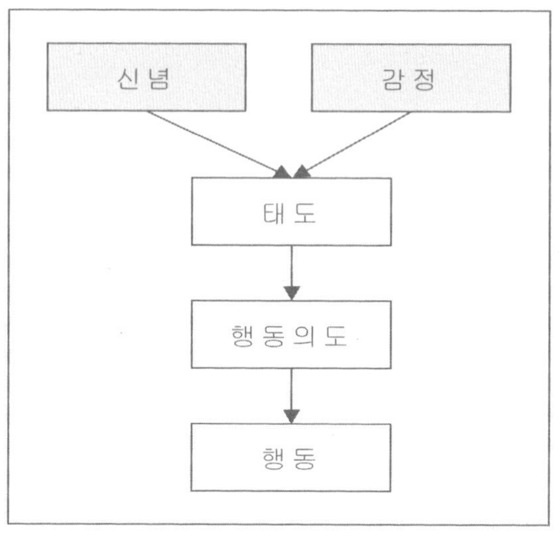

<그림 2> 신념, 감정, 태도와 행동 의
도, 행동과의 관계

　예를 들어, 심리학을 응용한 소비자 행동에서 소비자는 제품
의 기능적 편익들이라 할 수 있는 용이성, 올바른 제품 동작 등
으로 그 제품에 대한 신념을 형성하고 이러한 신념이 태도에 영
향을 주는 것이다. 또한 감정 요인은 소비자가 제품을 구매하여
소유함에 따라 얻는 위신(prestige), 재미(fun) 등의 감정 요인이
태도에 긍정적으로 영향을 주는 것이다.

　이렇게 행동 의도가 태도와 분리되어 논의되고 있는 또 다른 견
해로 Triandis[1980]의 태도이론이 있다. 이 이론은 Fishbein and
Ajzen[1975]의 태도이론을 바탕으로 이 이론을 변형하고 재정의한
것이다. Triandis는 Fishbein and Ajzen[1975]의 태도이론이 대부
분 개인행동과 관련된 요인들을 신념 요인으로 고려하고 있어 감

정 요인과 구별되어야 한다고 주장하고 있다. 즉, 그는 개인들의 행동 의도에 영향을 주는 것으로 사회적 요인(social factors), 감정 (feelings), 지각된 결과(perceived consequences) 요인들이 주요하게 영향을 준다고 주장하였다(<그림 3> 참조). 그리고 실제 행동에는 습관, 행동 의도, 촉진적 조건(facilitating conditions) 등과 관련성을 갖는다고 주장하여 사회 심리학에서 긍정적인 평가를 받았다.

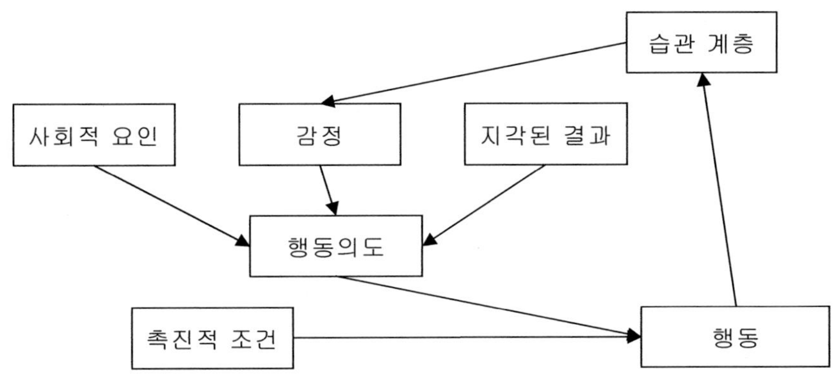

<그림 3> Triandis[1980]의 행동모델

2.1.2 가치와 행동 의도

가치와 행동 의도에 관한 연구들은 마케팅 연구들에서 많이 산출되어 왔다. 이에 본 연구는 마케팅 측면에서 가치와 행동 의도에 관한 연구들을 살펴보고자 한다. 마케팅에서 고객이 지각한 가치는 구매한 제품(서비스)에서 고객들이 효익이나 이익을 느끼는 것을 말하며, 고객이 지각한 가치 요인들은 행동을 유발하는 원인 변수들 중의 하나로 인식되고 있다[Anderson & Narus, 1998; Corfman & Lehmann, 1991; Flint, Woodruff & Gardial, 1997; Gronroos & Ravald, 1996; Kotler, 1994; Naumann, 1995; Vinson, Scott & Lamont, 1977; Woodruff & Gardial, 1996; Zeithaml, 1988].

고객가치는 직접적으로 고객행동에 영향을 주는 중요한 변수로 많은 연구자들에 의해 이는 교환관계(trade-off) 측면이 있는 것으로 간주되어 왔다. 즉, 고객이 금전적/비금전적으로 희생한 만큼 고객들에게 돌아가는 이득 차원으로 설명되고 있는 것이다. 마케팅 연구자들의 견해를 종합하여 교환관계 측면에서 고객가치에 대한 정의하면 "고객가치는 기업에서 제공하는 제품 및 서비스에 대해 고객이 금전적/비금전적으로 지불하거나 위험을 희생한 것에서 파생되는 고객 이익"이다[장시영·이정섭, 2000].

Zeithaml[1988]에 따르면 고객이 시장에서 지각하는 가치에 대한 정의는 다음과 같이 네 가지가 있음을 주장하였고, 이에 대한 개념적 모델을 <그림 4>로 나타내었다.[7]

---

7) Zeithaml[1988]이 정립한 고객의 지각된 가치에 대한 개념적 모델에서 지각된 가치에 영향을 주는 내재적/외재적 속성의 의미를 논의하면, 먼저 내재적 속성은 제품(서비스)이 본원적으로 갖고 있는 물리적 특징(예: 음료수인 경우에 맛, 색깔, 단맛의 정도 등)을 말하며, 외재적 속성은 내재적 속성이외의 것들로 제품(서비스)과 관련된 가격, 브랜드명, 광고수준 등을 의미한다. 그리고 Zeithaml[1988]의 모델을 실증적으로 분석한 연구자들은 Dodds, Monroe, and Grewal[1991]로 이들은 최종 종속 변수를 "구매의도"로 설정하였다.

첫째, 가치는 낮은 가격이다.

둘째, 가치는 제품에서 내가 원하는 것이다.

셋째, 가치는 내가 지불한 비용에서 획득하는 품질이다.

넷째, 가치는 내가 지불한 것에서 획득하는 것이다.

Zeithaml은 먼저 고객의 지각된 가치는 특가 가격이며 낮은 가격으로, 제품(서비스)을 소비한 후 만족을 원하거나 주관적으로 느끼는 유용성으로 보았다. 또한 교환관계 측면에서 가치를 지불한 가격에서 얻는 품질, 품질과 비례하여 가장 낮은 가격, 품질과 동일한 개념이며 적절한 품질로 정의하여 제품(서비스) 품질의 중요성을 강조하였다. 마지막으로 자신이 원하는 것을 얻기 위해 지불하는 것이며, 낭비 요인이 없는 경제적이며 가장 적은 비용으로 간주하였다. 교환관계 측면에서 고객들은 가치를 지각함에 따라 많은 연구자들은 기업이 제공하는 가격, 제품 품질, 서비스 품질이 고객 기대를 초과하거나 일치되었을 경우에 고객들은 가치를 지각하게 되며 시장에서 가치 있는 기업으로 인정받을 수 있음을 강조하였다[Anderson & Narus, 1998; Gale, 1994; Gronroos & Ravald, 1996; Kotler, 1994; Naumann, 1995].

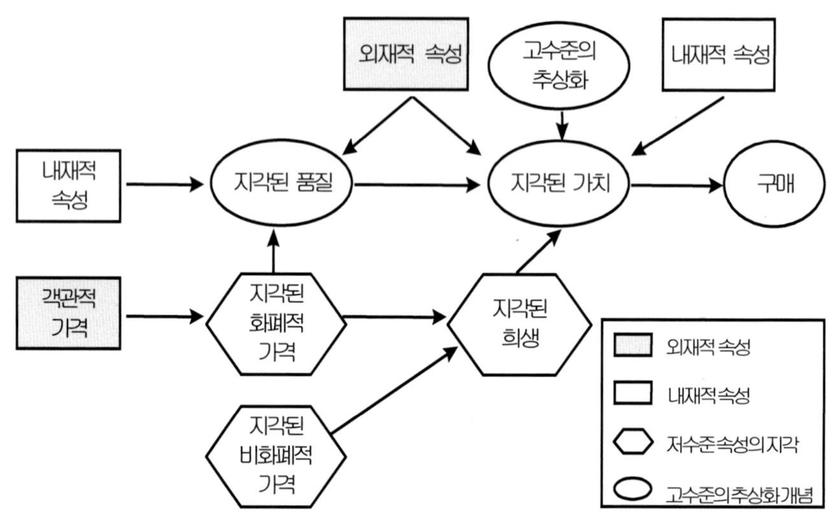

<그림 4> Zeithaml[1988]의 지각된 가치 모델

또 다른 연구자인 Naumann[1995]도 기업이 성공하기 위한 가장 중요한 성공 요인으로 경쟁사보다 고객가치를 더 잘 인도하는 능력이라 단정 짓고, 호의적인 고객가치는 제품 품질, 서비스 품질, 가치 기반 가격이 고객의 기대를 초과하거나 일치되었을 경우 달성될 수 있다고 하였다. Naumann은 고객가치의 세 가지 구성 요소 중 가치 기반 가격에서 고객가치를 "고객들이 이익을 얻기 위해 필수적으로 희생한 것과의 비율"로 정의하고 있다. 여기서 이익이라는 것은 제품과 서비스 속성으로부터 획득하는 것이며, 희생은 가격 차원에서 거래 비용, 라이프 사이클 비용, 위험 정도 등을 말한다.

한편, Woodruff and Gardial[1996]은 고객가치를 "요구된 목적

및 목표를 달성하기 위해 제공되고 있는 제품 및 서비스의 도움으로 인해 고객들이 특수한 사용 환경에서 발생되기를 원하는 것에 대한 고객의 지각”으로 정의하고 있다. 고객가치 결정 요인으로는 광고, 제품 디자인, 제품/브랜드 관리, 판매, 품질 보증, 물류 등이 주요 요인이라고 주장하였다. 또한, Gronroos and Ravald[1996]는 기업의 성공적인 경쟁 전략은 고객에게 가치를 제공하는 것이며, 고객과의 관계 마케팅에서 고객가치를 중시하여야 한다고 주장하였다. 이들은 고객만족은 고객가치에 의해 영향을 받으며, 고객가치는 다른 연구자들과 동일하여 지각된 희생과 지각된 이익과의 비율로 정의하였다. 이들은 희생요소인 실제 가격은 감소되어야 하고 이익요소들인 구매 편리성의 증대, 배달의 신속성, 훈련 프로그램의 증가, 확실한 보증, 구매 후 서비스의 향상 등이 있어야 기업은 고객들로부터 성공을 보장받을 수 있다고 주장하였다.

Flint, Woodruff, and Gardial[1997]도 Gronroos and Ravald와 마찬가지로 기업과 소비자 간의 관계 마케팅의 중요성을 강조하며 기업들이 이러한 관계 마케팅을 유지하기 위해서는 고객들에게 가치를 제공하여야 한다고 주장하고 있다. Flint, Woodruff, and Gardial은 가치라는 개념 속에는 행동을 유발하는 함축적 신념(implicit belief)이며 욕구의 최종 상태인 일반적 가치, 고객이 이익이 발생되기를 원하는 상태인 요구된 가치(desired value)와 희생과 이익이 발생한 것에 대한 평가 개념인 가치 판단(value judgement)이라는 세 가지 형태의 가치 개념들이 존재한다고 주장하고 있다. Flint, Woodruff, and Gardial는 이러한 세 가지 가치 개념은 고객만족 및 고객가치에 대한 연구뿐만 아니라 고객행동에 대한 예견력을 높여주는 개념들로, 기업 및 연구자들은 그 중요성을 인식하여야 한다고 강조하고 있다.

또한, Anderson and Narus[1998]도 기업들이 고객가치 모델을 정립하여야 한다고 주장하고 있다. 이를 위해 조직들은 고객이 지불한 비용과 획득한 이익에 대한 평가를 기반으로 금전적 요소, 이익 측면, 희생과 이익의 교환관계 측면의 세 가지를 고려하여야 한다고 강조하였다. Anderson and Narus는 현재 고객가치에 대한 정확한 정의와 측정에 관심을 기울이는 기업 및 관리자들은 거의 없다고 주장하면서, 고객가치 경영의 중요성을 강조하고 있다. 고객가치 경영의 실행 전략은 먼저 고객가치 항목을 구성하는 요소들을 조사하며, 가치 요소들의 데이터를 수집하고 고객가치 모델을 정립하여 가치 기반 판매 도구들을 만들어 고객을 획득·유지할 수 있다는 것이다.8)

2.1.3 합리적 행동이론(TRA)

TRA는 Fishbein[1963]의 기대−가치(expectancy-value) 이론을 확장하여 정립된 이론으로 사회심리학에서 널리 지지되어 인

---

8) 고객가치에 대한 마케팅 연구들을 근거로 본 연구는 MIS 관점으로 이를 응용한다. 그리고 용어 자체도 그대로 사용하여 "지각된 가치(perceived value)"라고 표현한다. 이는 마케팅 연구들에서 오랫동안 이 용어(terminology) 자체가 암묵적으로 교환관계가 있음을 의미하고 있기 때문이다. 또한, 지각된 가치에 대한 조작적 정의를 제3장의 제2절 부분에서 언급하였다.

간 행동을 예측하는데 이용되었다[Ajzen and Fishbein, 1980; Fishbein and Ajzen, 1975]. TRA에서 사람의 행동은 행동 의도(BI)에 의해 결정되는데, 이 BI는 (1)식과 같이 태도(A)와 주관적 규범(subjective norm; 이하 SN)에 의해 결정된다.9)

$$BI = A + SN \qquad (1)$$

(2)식과 같이 TRA에서 태도(A)는 신념(bi)과 평가(ei)에 의해 영향을 받는다. 신념은 "개인이 결과 i를 얻기 위해 어떤 특정 행동을 실행하는 개인의 주관적 확률"을 의미하고, 평가(evaluation)는 이러한 결과에 대한 "암시적인 평가적 반응(an implicit evaluative response)"을 말한다.

$$A = \sum b_i \cdot e_i \qquad (2)$$

주관적 규범(SN)은 (3)식에 나와 있듯이 규범적 신념(nbi)과 순응동기(mci)에 영향을 받으며, <그림 5>와 같이 TRA 모델에서 결과적으로 태도와 주관적 규범이 BI를 형성하게 되는 것이다. 규범적 신념은 "특정 개인 또는 집단 지시자들의 지각된 기대감"을 의미하고, 순응동기(motivation to comply)는 이들의

---

9) Fishbein and Ajzen[1975]는 주관적 규범을 "개인의 행동에 중요하게 영향을 주는 사람들에 대한 개인의 지각"으로 정의하고 있다. 여기서 영향을 주는 사람들은 대리인(agent), 지시자(referent), 준거집단(reference group) 등으로 표현되고 있다. 이들은 행동을 하는 당사자에게 직접 혹은 간접적으로 영향을 주는 사람들로 가족, 친구, 동료, 직장상사 등이 그 예라 할 수 있다.

34

"기대감에 부응하려는 동기"를 의미한다.

$$SN = \sum nb_i \cdot mc_i \qquad\qquad (3)$$

Ajzen and Fishbein[1980]는 TRA에서 신념, 평가, 태도, 주관적 규범 요인에 영향을 주는 변수들을 "외부 변수(external variables)"라 하였다. 이러한 외부 변수들은 특히 태도와 주관적 규범에 영향을 주며 하나 이상이 될 수 있는데, 그 예로는 인구 통계적 변수, 과거 경험, 개성, 사회계층, 업무, 상황적 특성 변수들이 있다고 하였다.

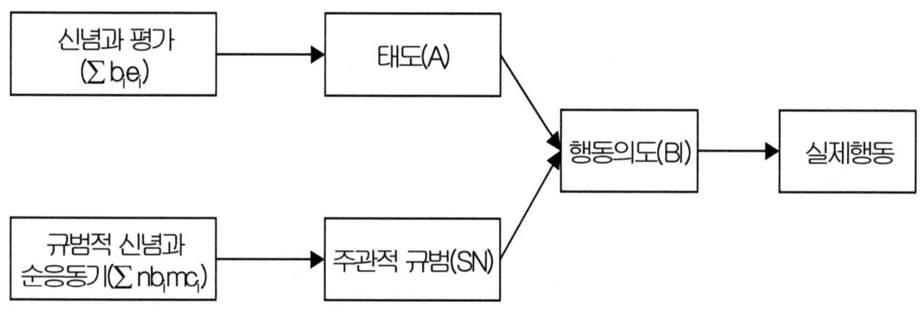

<그림 5> 합리적 행동이론(TRA)

MIS관점에서 Davis, Bagozzi, and Warshaw[1989]는 이들 외부 변수는 시스템 설계 특성, 인지적 형태(cognitive style)와 성격(personality) 변수를 포함한 사용자 특성, 업무 특성, 개발 또는 구현 프로세스의 특성, 정치적 영향, 조직 특성 변수 등 많은 변수들이 범주에 속할 수 있다고 주장하였다. 이러한 TRA를 검증한 연구들은 여러 분야에서 실증분석 되었는데, TRA의 재

정립, 주요 가정의 검증, TRA의 확장 및 한계점 등이 주요 대상이었다[Bagozzi, 1981, 1982, 1984; Ryan and Bonfield, 1975; Saltzer, 1981; Warshaw, 1980a, b; Warshaw and Davis, 1984, 1985, 1986].

2.1.4 계획된 행동이론(TPB)

<그림 6>의 TPB는 TRA를 확장한 이론으로 "지각된 행동통제(perceived behavioral control; 이하 PBC)" 요인이 추가되었다 [Ajzen, 1985; 1988; 1991]. 이는 사람들이 행동함에 자신이 가진 기회와 자원에 따라 제한된 행동을 하거나 통제를 받게 된다는 것을 의미한다. 이를 수식으로 표현하면 (4)와 같다.

$$PBC = \sum cb_i \cdot pf_i \qquad (4)$$

자원과 기회에 따른 통제 신념(control belief: cbi)과 지각된 촉진(perceived facilitation: pfi)에 의해 결정된다. 여기서 통제 신념은 개인들이 자원과 기회의 가용성(availability)을 지각하는 정도를 말하며, 지각된 촉진은 결과를 얻기 위한 이들 자원과 기회의 중요성을 평가하는 것을 의미한다.

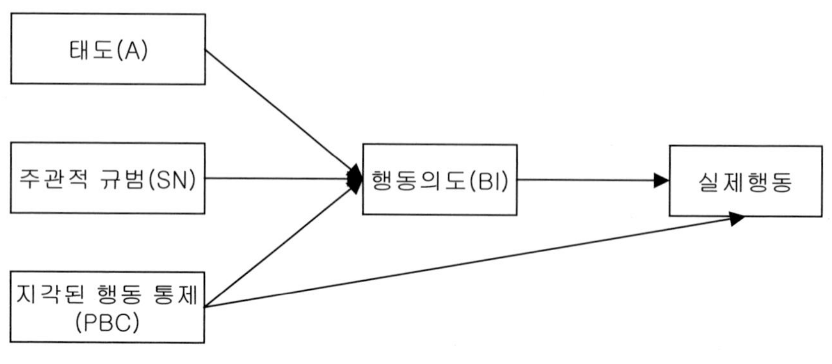

<그림 6> 계획된 행동이론(TPB)

사람들은 자원과 기회가 많은 경우 자신의 의지대로 행동할 수 있다. 그러나 그렇지 못한 경우 자신이 원하는 대로 행동할 수 없는 경우를 경험한다. 예를 들어, 비디오 상점에서 자신이 보고자 하는 비디오가 모두 대여된 경우 그 비디오를 볼 수 없으며, 흡연자의 경우 담배를 끊고자 노력하지만 흡연 습관으로 인해 금연의 어려움을 경험하게 된다. 즉, 사람들은 자신의 의지대로 원하는 모든 것을 얻지 못할 수도 있다[Engel, Blackwell, and Miniard, 1995].

이를 의지 통제(volitional control)로 설명할 수 있는데, 이는 사람들이 "자신의 행동을 자신의 의지대로 통제 가능하다는 것"을 의미한다. 그러나 상기의 예에서 보듯이 그렇지 못한 경우도 발생하게 된다. 이러한 의지 통제가 곧 지각된 행동통제로 나타나 사람들의 행동에 영향을 주는 것이다[Ajzen, 1991; Madden, Scholder, and Ajzen, 1992]. MIS 연구에서 이러한 TPB를 이용한 연구들은 대표적으로 Mathieson[1991]과 Taylor and Todd[1995]의 연구들이 있고, 이들은 TAM과 비교하여 TPB의 설명력이 우수함을 주장하였다.

2.1.5 기술수용모델(TAM)

Davis[1986]는 TRA를 근간으로 하여 TAM를 제안하였는데, 이 모델을 통해 사용자의 정보기술의 수용과정을 가장 잘 설명할 것으로 기대하였다(<그림 7> 참조). 또한, 그는 TAM이 광의로는 최종 사용자 컴퓨팅(end-user computing)에서 사용자의 행동을 설명할 것이며, 모델의 간명성(parsimony)과 이론적 정당성을 획득할 것으로 기대하였다. Davis는 TAM에서 중요한 변수로 두 가지를 제시하였는데, 이들은 지각된 유용성(U)과 지각된 용이성(E)이라는 신념 변수이다.

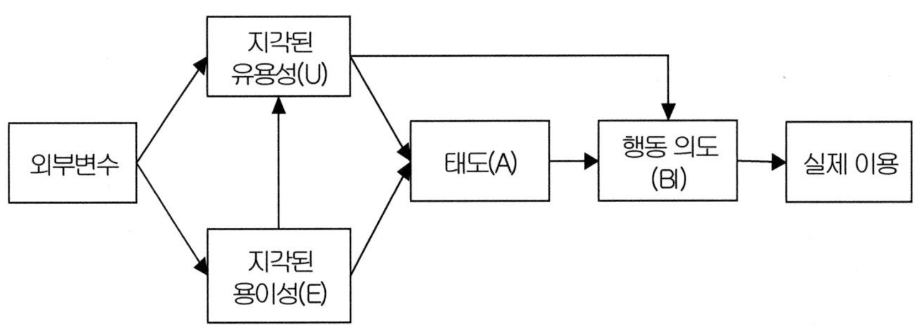

<그림 7> 초기의 기술수용모델(TAM)

Davis는 전자의 변수를 "조직 환경에서 특정한 응용시스템이 사용자의 직무 성과를 증대시킬 것이라는 사용자의 주관적 확률"로 정의하였고, 후자는 "사용자가 목표한 시스템을 많은 노력을 기울이지 않고도 이용할 수 있는 기대 정도"로 정의하였다. Davis[1989]는 TAM에서 중요한 두 가지 신념 변수인 지각된 유용성과 용이성에 대한 측정도구를 개발하여 기업과 학교에 있는 152명의 사용자들에게 설문과 실험을 통해 신뢰성과 타당성을 획득하였고, 용이성보다 지각된 유용성이 이용 의도에 영향력이 크다는 것을 검증하였다.

Davis[1989]는 기업(IBM)의 PROFS E-mail과 XEDIT 파일 에디터 사용자들을 대상으로 한 연구에서 지각된 유용성과 현재이용 간에 상관관계(r=0.63)가 있음을 분석하였고, 지각된 용이성과 현재이용 간에도 상관관계(r=0.45)가 성립함을 검증하였다. 대학(Boston 대학)의 MBA 학생 사용자들에게는 차트를 그려주는 IBM PC 기반의 Chart Master와 Pencept 사이의 Pendraw를 대상기술로 한 실험에서 지각된 유용성과 미래이용 간에 상관관계(r=0.85)가 있음을 분석하였고, 용이성과 미래이용 간에도 상관관계(r=0.59)가 있음을 검증하였다.

그리고 TAM의 가정들인 지각된 용이성과의 유용성 간의 선행관계, 지각된 유용성과 시스템 이용 간의 직접적인 상관관계가 있는 것으로 검증하였다. 또한, Davis는 Bagozzi and Warshaw[1989]와 공동으로 TAM과 TRA를 비교하는 연구를 수행하여 TAM의 가정들을 모두 입증하였다.10)

그러나 Davis, Bagozzi, and Warshaw[1989]는 <그림 7>과 같은 초기의 TAM 모델에서 태도 변수의 매개적(mediating) 역할이 미약하고 지각된 용이성은 유용성과 함께 행동 의도에 직접적으로 영향력이 있음을 발견하였다. 이에 이들은 <그림 8>과 같이 태도를 생략한 TAM 모델을 제안하였고, 이들의 연구 이후에 다른 연구들에서도 태도를 생략한 TAM 모델이 주요하게 연구되어 왔다[Davis, Bagozzi, and Warshaw, 1992; Jackson, Chow, and Leitch, 1997; Igbaria et al., 1997; Straub, Limayem, and Karahanna-Evaristo, 1995; Szajna, 1996; Venkatesh, 1999; Venkatesh and Davis, 2000; Venkatesh and Morris, 2000; Venkatesh and Speier, 1999].

---

10) Davis, Bagozzi, and Warshaw[1989]는 TAM과 이의 근간 이론인 TRA와의 비교 연구를 실시하였다. 이들은 WriteOne이라는 워드프로세서를 이용하여 107명의 MBA학생 사용자들을 대상으로 하여 종단적 연구를 수행하였는데, 연구 결과 초기에 1시간 동안 이 시스템을 소개한 후의 이용 의도와 14주 후 실제 시스템 이용과의 상관관계가 r=0.35로 유의함을 검증하였다. 또한, 전반적으로 이용 의도와 실제 이용 간에는 r=0.63의 관계가 있음을 분석하였다. TAM의 주요 변수들인 지각된 유용성과 용이성이 이용 의도와 이용 간의 관계에서 Davis[1989]의 연구와 동일하게 유용성이 용이성보다 높은 설명력을 갖는 것으로 분석하였다. 태도는 시스템 이용 의도와 이용 간에 부분적 매개역할을 하고 있었으며, TRA의 주관적 규범(SN)은 유의하지 않은 결과를 보였다.

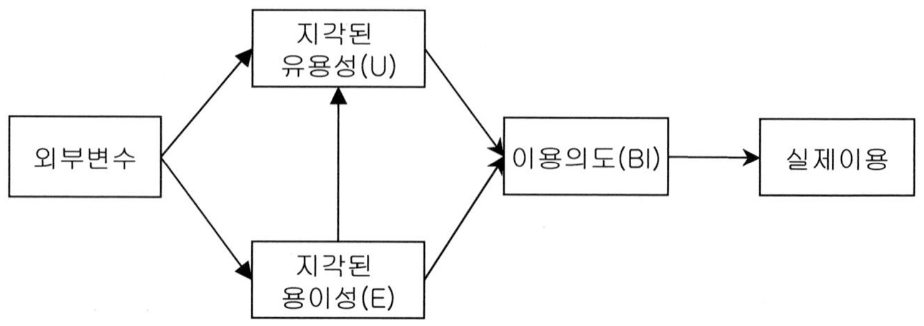

<그림 8> 태도 변수가 생략된 현재의 기술수용모델(TAM)

또한, Venkatesh and Davis[2000]는 TAM의 외부 변수들을 확장하여 사회적 영향 프로세스(주관적 규범, 자발성, 이미지)와 인지적 도구 프로세스(직무관련성(job relevance), 출력 품질 (output quality), 결과실연성(result demonstrability), 지각된 용이성을 외부 변수로 하여 TAM과의 관계를 검증하였는데, 이들은 이 모델을 TAM2라 하였다.

TAM2는 지각된 유용성에 주요하게 영향을 주는 선행 요인들을 탐색하였는데, 이 요인들에는 혁신확산이론의 주요 요인들이 대부분 차용되었다(<그림 9> 참조). TAM2의 연구 대상은 자발적/강제적 이용 상황의 각 두 개씩인 네 개 조직에 있는 총 156명의 사용자들이었다.

분석 결과는 새로운 시스템이 구현된 기간들인 T1(시스템 도입 이전), T2(시스템 이용 1개월 직후), T3(시스템 이용 3개월)의 종단적 조사에서 사회적 영향과 인지적 도구 프로세스 등의 모든 외부 변수들이 기본 TAM 모델에 모두 유의한 관련성을

갖는 것으로 분석되었다. 그리고 Venkatesh and Davis는 TAM2
에서 지각된 유용성이 중심이 되는 이유로 과거 대부분의 TAM
연구들에서 이 변수가 정보기술 이용 의도를 높게 설명(r=0.6
이상)하고 지각된 용이성보다 일관성을 가졌기 때문이라고 설명
하고 있다.

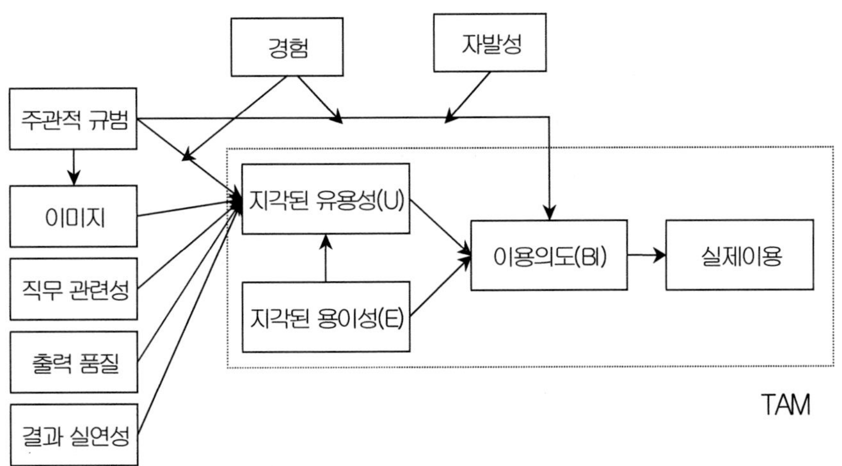

<그림 9> Venkatesh and Davis[2000]의 TAM을 확장한 TAM2

그러나 과거에 이미 Venkatesh and Davis[1996]는 지각된 용이
성을 중심으로 선행 요인들을 개발하였는데, 이는 자기효능, 객
관적 이용가능성(objective usability), 직접 경험 변수들이다.11)

---

11) Venkatesh and Davis[1996]는 지각된 용이성에 영향을 주는 선행 요인
들에 대한 모델을 개발하고 두 가지 실험을 통해 자기효능은 직접적으
로 용이성과 상관관계(두 가지 실험에서 모두에서 r=0.48 이상)가 있
음을 검증하였다. 직접경험이 없는 경우 객관적 이용가능성은 단독으로
용이성에 유의하지 않았으나, 경험이 발생한 이후에는 직접적으로 유
의하게 영향을 주는 것으로 검증하였다. 즉, 객관적 이용가능성과 용이
성 간에 직접경험이 조절적 영향을 주는 것으로 검증하였다. 여기서 객

이들은 사용자에 의해 정보기술이 수용되고 확산되기 위해서는 지각된 용이성이 주요할 것으로 기대하여 이 연구를 수행하였음을 밝힌 바 있다. 또한, 지각된 용이성에 영향을 주는 결정 요인들에 대한 최근의 연구는 Venkatesh[2000]에 의해 수행되어 <그림 10>과 같은 모형을 검증하였다.12)

관적 이용가능성의 의미는 사용자들이 단지 시스템을 이용한 시간비율(the ratio of time)을 의미한다. 시간비율은 전문가(혹은 경험자)와 초보자(혹은 비경험자)가 이용한 시간을 비율화(전문가 시스템 이용 시간/초보자 시스템 이용 시간)하여 객관적 이용가능성의 측정도구로 이용하였다.

12) <그림 10>에 나타난 모형에서 Anchors는 컴퓨터(시스템)와 그 사용에서 사용자들이 지각하는 용이성에 영향을 주는 일반적 신념(general beliefs) 변수들을 말하며, Adjustments는 시스템과 상호작용 하여 사용 경험이 증가함에 따라 시스템에 대한 용이성을 조정하는 것을 의미한다. 즉, Anchors에 해당되는 변수들은 대부분 시스템 사용 초기부터 경험이 증가된 시점까지 지각된 용이성에 영향을 주는 일반적인 요인들이지만, Adjustments 변수들은 초기에 영향을 주지 못하고 경험이 증가함에 따라 영향을 줄 것으로 기대하고 이를 검증하였던 것이다.

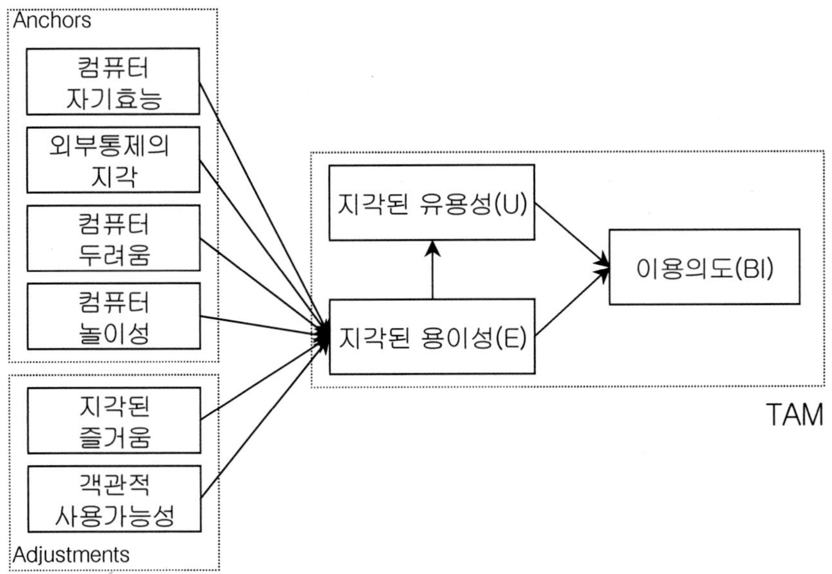

<그림 10> Venkatesh[2000]의 지각된 용이성을 중심으로 한 연구

Venkatesh는 종단적 조사를 실시하여 <그림 10>에 나타난 변수들을 검증하였는데, 대상표본은 새로운 시스템이 조직에 채택되어 운영되는 세 개 조직으로 각각 58명, 145명, 43명의 사용자들이다. 이들은 교육·훈련 기간(T1), 시스템 사용 1개월 후의 기간(T2), 시스템 사용 3개월 후 기간(T3)으로 나누어져 설문에 응답하였다. 분석결과 T1에서는 Anchors에 해당되는 변수들이 지각된 용이성에 영향을 주어 모두 유의하였으나, Adjustments 변수들은 유의하지 않았다.

시스템 사용 경험이 증가하는 T2에서는 Anchors/Adjustments 변수들이 모두 유의하였다. T3에서는 Anchors 변수들 중 컴퓨터 놀이성(computer playfulness)만 유의하지 않았으나, 이외의 Anchors/Adjustments 변수들은 모두 지각된 용이성과 상관관계가 있는 것으로 나타났다. 컴퓨터 놀이성이 유의하지 않은 결과에 대해 Venkatesh는 사용자들의 시스템 사용 경험이 증가함에 따라 초기에 가졌던 컴퓨터에 대한 흥미가 감소되어 이러한 결과가 나타난 것으로 해석하였다.

Venkatesh의 용이성을 중심으로 한 이 연구는 근본적으로 Venkatesh and Davis[1996]의 연구를 확장한 것으로, Venkatesh[2000]는 TAM의 미래 연구에서 지각된 용이성을 중심으로 한 자신의 연구와 유용성을 중심으로 본 TAM2 연구를 통합화하여 하나의 연구에서 TAM 연구가 수행되기를 제안하였다.

결과적으로 TAM에 관해 Davis[1989] 연구 이후에 MIS 분야에서 상당수에 이르는 연구물들이 산출되었는데, 본 연구에서 이를 분류한 결과 TAM 연구들은 세 가지 특성을 보이고 있음을 파악하였다. 이는 TAM을 동일하게 반복(replication)한 연구, 다른 이론들과 비교(comparison)한 연구, TAM을 확장(extension)하여 외부 변수를 탐색하거나 종속 변수를 확장한 연구 등이다(<표 2> 참조). 이들 TAM 연구들은 대부분 TAM의 기본 가정을 지지하였으며, 현재의 TAM은 일반화된 사용자의 기술수용모델로서 자리 잡고 있는 것이다.

<표 2> TAM 연구의 유형들

연구자	연구 제목	연구 유형	연구 내용
1. 반복된 연구			
Adams, Nelson, & Todd [1992]	지각된 유용성, 용이성과 정보기술 이용: 반복연구	횡단적	Davis[1989]의 TAM을 두 가지 연구로 반복함 동일하게 이용된 측정도구들은 Davis의 연구와 동일하게 높은 신뢰성과 타당성을 보임. 첫 번째 연구는 10개 기업 118명의 응답자를 대상으로 설문하였고 기술은 음성(Voice)/E-mail이다. 연구 결과는 지각된 유용성이 용이성보다 시스템 이용에서 높게 나타남. 두 번째 연구는 73명의 MBA 학생들을 대상으로 하였고 기술은 WordPerfect, Lotus 1-2-3, Harvard Graphics를 이용하였다. 결과는 상기 연구와 달리 유용성과 용이성이 모두 시스템 이용에 주요한 변수로 작용함.
Straub, Keil, & Brenner [1997]	TAM에 대한 비교 문화적 검증: 삼국간 비교	횡단적	미국, 스위스, 일본의 대표적 항공사의 e-mail을 이용하는 지식 노동자들을 대상으로 TAM이 채택될 수 있는가를 검증함. 연구 결과 미국, 스위스에서는 TAM이 채택되었으나 일본에서는 유의하지 않음. 그 이유로 일본의 문화는 불확실성 회피, 관리자와 직원 간 거리상의 문제, 집단주의 등이 영향을 주어 서양과 다른 결과를 산출함. 연구자들은 TAM이 모든 국가에 적용될 수 있는가에 의문을 제기하고 정보시스템 관련자들은 주의할 것을 요구함.
2. 비교된 연구			
Mathieson [1991]	사용자 의도 예측: TAM과 TPB의 비교	횡단적	TAM과 TPB를 비교한 연구로 262명의 학생들이 표본이었고 스프레드쉬트와 계산기가 기술로 이용되었다. 연구 결과, TAM은 실증분석에서 TPB보다 태도에 대한 높은 설명력(독립/종속 변수 간의 최소 R^2=0.4 이상)을 가져 사용자의 시스템에 대한 일반적 정보의 제공에서 강점을 가지나, 구체적이고 특정한 정보 제공에서 TPB가 우수한 것으로 검증하였으나, TPB에서 주관적 규범은 유의하지 않은 것으로 분석됨.

연구자	연구 제목	연구 유형	연구 내용
Plouffe, Hulland, & Vandenbosch [2001]	기술채택의사결정 모델에서 충분성 vs 간명성－도매상의 스마트카드 시스템 채택의 이해	횡단적	TAM과 8개 요인(상대적 이점, 용이성, 호환성, 이미지, 결과실연성, 가시성, 시도성, 자발성)으로 구성된 PCI(Perceived Characteristics of Innovating)와 비교한 연구로 스마트카드 시스템의 시범(trial) 버전을 이용하는 176명의 도매상을 표본으로 하였다. 결과적으로 TAM, PCI의 채택의도는 각각 32.7%, 45.0%로 나타나 TAM의 간명성과 PCI의 설명력이 높다고 주장됨.
Taylor & Todd [1995]	정보기술 이용의 이해: 경쟁모델의 검증	횡단적	TAM, TPB, 분해 된 TPB(태도, 규범, 통제의 신념들을 다중차원의 신념구조로 분해)를 비교한 연구로 789명의 컴퓨터자원센터(CRC)의 잠재 사용자들을 대상으로 하여 CRC의 컴퓨터 활용에 대해 설문함. 분석결과 TAM, TPB, 분해 된 TPB와 사용자 행동 의도 간에 설명력이 각각 52%, 57%, 60%를 보여 분해 된 TPB가 우수하다고 판단함.
3. 확장된 연구			
Agarwal & Prasad [1999]	새로운 정보기술수용에서 개인차이가 밀접한 관계가 있는가?	횡단적	새로운 기술을 수용하는 것은 개인들의 학습차원으로 고려할 수 있어 TAM을 확장하여 외부 변수인 개인차이(기술에 대한 역할, 근로기간, 교육 정도, 과거경험, 교육·훈련참여)가 TAM의 주요 변수와 어떠한 관계를 갖는가를 실증 분석함. 230명의 GUI를 이용하는 기업에 있는 실무자들을 설문하여 연구 결과 기존의 TAM 가정들은 완전히 채택되었고, 외부 변수들인 교육·훈련참여 변수가 지각된 유용성과 기술에 대한 역할, 교육 정도, 과거경험 변수들이 지각된 용이성과 관계함을 검증함.
Agarwal & Karahan-na [2000]	시간은 당신이 즐거울 때 흐른다: 정보기술 이용에 관한 인지적 전념과 신념	횡단적	인지적 전념(cognitive absorption: CA)과 자기효능(self-efficacy) 변수를 외부 변수로 하여 TAM과의 관계를 검증함. 웹(Web)을 정보기술로 이용하였으며, 288명의 학생들을 대상으로 설문한 연구에서 놀이성, 개인의 혁신성 변수가 CA에 영향을 주며 이러한 CA가 TAM과 관계함을 입증하였으며, 자기효능 변수도 TAM과 유의함을 실증함.

연구자	연구 제목	연구 유형	연구 내용
Anandaraj-an, Igbaria, & Anakwe [2002]	저개발 국가에서 IT 수용: 동기 요인 측면	횡단적	저개발국가(Nigeria)에 있는 143명의 사용자들을 대상으로 IT 수용을 이끄는 동기 요인들을 조사함. 기술능력(skill), 조직적 지원과 이용을 선행 요인으로 하여 용이성을 통한 유용성, 즐거움, 사회적 압력(social pressure) 등의 매개 요인이 IT 이용 및 직무만족과 관계되는가를 분석함. 조사결과는 조직적 지원과 용이성이 즐거움에 사회적 압력에는 조직적 이용과 지원이 유의하다는 결과를 얻었고, IT 이용에는 용이성, 사회적 압력이 만족에는 유용성, 즐거움, 사회적 압력이 주요하게 유의한 결과를 획득하여 저개발국가에서는 사회적 압력이 IT 수용에서 주요 변수임을 강조함.
Chau, Au, & Tam [2000]	온라인 쇼핑에서 정보표현형식의 영향: 상호작용적 쇼핑 서비스의 실증적 평가	횡단적	인터넷을 이용한 온라인 쇼핑에서 인터넷 항해(navigating) 변수인 문자/그래픽 표현형식을 외부 변수로 고려하여 TAM과 어떻게 관계하는가를 95명의 학생들을 대상으로 실험을 통해 검증함. 결과적으로 TAM에서 문자보다는 그래픽요소가 높게 관계하고 있음을 보임.
Davis, Bagozzi, & Warshaw [1992]	작업환경에서 컴퓨터 이용의 외재적 / 내재적 동기	종단적	외재적 동기 요인인 지각된 유용성과 내재적 동기 요인인 즐거움(enjoyment)이 TAM과 어떤 관계를 갖는가를 검증함. 워드프로세서(β=0.68)와 비즈니스 그래픽 프로그램(β=0.79)을 이용한 두 연구 모두에서 유용성(usefulness)은 이용 의도와 강하게 관계하였다. 즐거움 요인도 두 연구(β=0.16, β=0.15) 모두에서 이용 의도와 유의한 효과를 보였다. 아울러 두 번째 연구에서 직무 중요성(task important)은 결과 품질(output quality)/용이성과 유용성 간에 조절 효과를 보였다(β=2.73, β=−2.15).

48

연구자	연구 제목	연구 유형	연구 내용
Gefen & Straub [1997]	e-mail 이용과 지각에서 성(gender)의 차이: TAM의 확장	횡단적	TAM에서 성의 차이와 사회적 존재성(Social Presence: SP)/정보 풍부성(Information Richness: IR)을 외부 변수로 하여 TAM을 검증함. 미국, 스위스, 일본의 대표적 항공사의 E-mail을 이용하는 392명의 지식 노동자들을 대상으로 설문하여, 결과적으로 외부 변수인 SPIR은 유용성과 관계하였고($\beta=0.29$), 남녀 간 성의 차이는 SPIR($\beta=-0.15$), 지각된 유용성($\beta=-0.11$)과 용이성($\beta=0.13$) 등에서 차이를 보였으나 이용에서는 차이를 보이지 않음.
Hong, Thong, Wong, & Tam [2001-02]	디지털도서관의 사용자 수용 결정 요인들: 시스템 특성과 개인 차이의 실증적 조사	횡단적	TAM을 근간으로 하여 585명의 대학 디지털도서관 사용자들을 대상으로 설문하여 시스템(관련성(relevance), 술어(terminology), 스크린 디자인과 개인(자기효능, 검색 영역의 지식) 특성의 외부 변수들이 TAM과 관계를 검증하여 용이성에는 시스템/개인 특성의 모든 요인들이 유의하였고, 유용성은 관련성만이 유의하다는 결과를 얻어 관련성은 TAM의 두 신념 변수 모두에 유의하여 중요한 요인으로 인식함.
Igbaria et al.[1997]	소기업들에서 PC 수용 요인들: 구조방정식모델	횡단적	TAM의 외부 변수들로 내부 조직 요인(내부 컴퓨팅 지원, 내부 컴퓨팅 훈련, 관리자 지원)과 외부 조직 요인(외부 컴퓨팅 지원, 외부 컴퓨팅 훈련)을 358명의 뉴질랜드 소기업 PC 이용자들을 대상으로 설문하여 분석함. 연구 결과 내부 컴퓨팅 지원은 TAM 변수들과 모두 유의하지 않았고, 내부 컴퓨팅 훈련은 유용성($\beta=0.08$)에 관리자 지원은 유용성과 용이성($\beta=0.24$, $\beta=0.07$)과 관계하고 있었다. 외부 컴퓨팅 지원은 유용성과 용이성($\beta=0.09$, $\beta=0.06$)에 외부 컴퓨팅 훈련은 용이성($\beta=0.14$)에 각각 유의하였다.

연구자	연구 제목	연구 유형	연구 내용
Jackson, Chow, & Leitch [1997]	정보시스템 이용에서 행동 의도의 이해	횡단적	TAM을 확장하여 외부 변수들(상황적 관여, 내재적 관여, 변화논의, 과거이용)과 관계를 검증함. 표본은 정보시스템을 이용하여 시스템 개발 프로젝트를 수행하는 111명의 참여자들에 설문하여 분석 결과는 상황적 관여가 태도/행동 의도($\beta=-0.185$, $\beta=-0.152$)와 부의 관계를 내재적 관여는 유용성/태도($\beta=0.628$, $\beta=0.612$)와 과거이용은 행동 의도($\beta=0.350$)와 관련성을 갖는 것으로 분석함.
Koufaris [2002]	온라인 소비자 행동에 Flow 이론과 TAM 의 응용	횡단적	MIS 분야의 TAM과 마케팅의 Flow 이론을 통합하여 온라인상의 소비자 행동(종속 변수: 비계획적 구매와 재방문 의도)에 영향을 주는 선행 요인(제품관여, 웹 기술능력, 부가가치 검색 메커니즘, 도전감) 및 매개 변수(지각된 통제, 쇼핑 즐거움, 집중, 유용성, 용이성)들과의 인과관계를 280명의 온라인 소비자들을 대상으로 검증함. 결과는 쇼핑 즐거움에는 제품관여, 웹 기술능력, 부가가치 검색 메커니즘, 도전감의 모든 선행 요인들이 유의하였고, 집중에는 선행 요인들 중 부가가치 검색 메커니즘만이 유의하지 않았고, 종속 변수의 재방문 의도에 영향을 주는 요인은 유용성, 쇼핑 즐거움이었으나, 비계획적 구매에 유의한 변수들은 발견되지 않아 향후에 이에 대한 연구의 필요성을 제기함.
Straub, Limayem, & Karahan-n-Evaristo [1995]	시스템 이용의 측정: IS 이론 검증의 함의	횡단적	연구자들은 TAM 변수들을 동일한 것으로 고려하였으나, 종속 변수(시스템 이용)를 주관적(사용자 주관에 의한 자체보고)/객관적(컴퓨터 내부에 기록)으로 나누어 비교함. 표본은 458명의 음성 메일 사용자를 대상으로 설문하였는데, 분석 결과는 두 가지 다른 종속 변수들에서 지각된 유용성이 용이성보다 더 높은 설명력을 보였으나, 주관적/객관적 종속 변수들 간에 상관관계는 없는 것으로 확인함.

연구자	연구 제목	연구 유형	연구 내용
Szajna [1996]	수정된 TAM의 실증적 평가	종단적	TAM의 종속 변수인 시스템 이용을 두 가지로 나누어 자체보고(주관적 측정)와 실제적(log 파일) 이용으로 측정함. 61명의 대학생을 대상으로 실험하여 e-mail 시스템 구현 이전/후의 이용 의도 및 이용을 비교함, 구현 이전에서 유용성에 의해 이용 의도가 유의하였고, 구현 이후는 이용 의도가 두 종속 변수인 자체보고와 실제 시스템 이용에서 각각 $R^2=0.32$와 $R^2=0.06$을 얻어 유의함을 산출하였고, 경험 변수가 중요함을 주장함.
Venkatesh [1999]	호의적 사용자 지각의 창조: 내재적 동기의 역할 탐색	종단적	TAM에 전통적인 훈련방식과 내재적 동기(즐거움, 놀이성 등) 요인이 포함된 게임기반 훈련(Multi User Dungeons: MUD)방식을 이용하여 그 차이를 검증함, 215명의 사용자들로부터 게임기반 훈련방식이 전통적인 훈련방식보다 TAM의 주요 변수에서 대부분 우수한 것으로 나타남. 특히, 게임기반 훈련방식에서 지각된 용이성이 유용성보다 이용 의도에 더 영향력이 큰 것으로 분석됨.
Venkatesh & Brown [2001]	가정에서 PC 이용의 종단적 연구: 채택 결정 요인과 도래하는 도전들	종단적	전화 인터뷰를 통해 미국 내 1,000 가구를 대상으로 PC 채택자와 비채택자들에게 종단적(6개월 전/후)으로 설문하여 이들 간의 PC 채택/비채택의 차이를 분석함. 연구자들은 태도적 신념구조(실용적/쾌락적/사회적 결과), 규범적 신념구조(사회적 영향, 이차적 자원), 통제 신념구조(지식 부족, 이용의 어려움, 고비용) 등의 세 가지 신념구조에서 차이를 발생할 것으로 기대하였다. 연구 결과 채택자는 태도적 신념구조에서 PC 구매의도를 갖는 것으로 나타났고, 비채택자는 상기의 신념구조들보다 빠른 기술 발전으로 PC 진부화를 걱정하는 것으로 드러남.

연구자	연구 제목	연구 유형	연구 내용
Venkatesh & Morris [2000]	왜 남자들은 이용설명에 대한 질문을 멈추지 않는가? 기술수용과 이용 행동에서 성, 사회적 영향 간의 역할 관계	종단적	TAM에서 성의 차이와 사회적 영향을 검증한 연구로, 새로운 소프트웨어 시스템을 이용하는 다섯 개 조직 342명의 사용자들을 대상으로 하여 장/단기 효과를 연구하였다. 연구 결과 남자는 지각된 유용성에 강하게 영향을 받으며, 여자는 용이성과 주관적 규범에 의해 영향을 받는 것으로 나타남.
Venkatesh & Speier [1999]	작업환경에서 컴퓨터 기술 훈련: 분위기 효과의 종단적 조사	종단적	사람들의 기술 훈련과정에서 분위기가 동기, 이용 의도와 궁극적으로 새로운 기술을 수용함에 영향을 주는가를 검증함, 316명의 실무에 있는 사용자들을 대상으로 실험을 통해 DB 시스템 이용 훈련과정에서 긍정적, 부정적, 중립적 분위기를 조성하였다. 연구 결과 단기효과에서 긍정적 분위기가 기술 이용 의도와 내재적 동기를 향상시켰으며, 장기효과에서 부정적 분위기가 이용 의도와 내재적 동기를 낮추는 결과를 보였다.

2.1.6 혁신확산이론(IDT)

TAM과 더불어 정보기술수용에서 또 다른 주요 이론으로 Rogers[1983]의 혁신확산이론이 있다. 혁신확산이론은 마케팅, 조직이론, 사회 심리학, MIS 등의 여러 분야에서 응용되고 있다 [Mahajan, Muller, and Bass, 1990; Zaltman, Duncan, and Holbek, 1973; Ajzen and Fishbein, 1980]. 본 연구에서는 MIS 관점에서 혁신확산이론을 다룬다.

통상적으로 혁신은 "잠재적 혁신자에 의해 지각된 새로운 기술 혹은 아이디어"로 정의되어 다소 주관적으로 전개되고 있다. 이보다 객관적으로 정의되는 혁신은 "기존의 형태들과 정성적(qualitatively)으로 다른 새로운 기술, 아이디어, 행동, 사물"로 보고 있다. 혁신에 대한 객관적 정의는 채택자의 외부 기준들에 의거해 내려진 것으로 고려된다[Engel, Blackwell, and Miniard, 1995].

혁신에 대한 정의들과 더불어 혁신의 종류를 크게 세 가지로 분류할 수 있는데, 이들은 (1) 연속형(continuous) 혁신 (2) 동적인(dynamically) 연속형 혁신 (3) 불연속형(discontinuous) 혁신으로 나누어진다[Robertson, 1967]. 연속형 혁신은 전반적으로 새롭게 기술을 정립하는 것보다 기존 기술을 변형시키는 것을 말한다. 동적인 연속형 혁신은 기존의 기술을 대체하거나 새로운 기술을 창출하는 것을 의미하며 정립된 기술을 변형시키는 것은 아니다. 마지막으로 불연속형 혁신은 사용자들의 행동패턴을 바꾸게 하는 새로운 기술을 전반적으로 소개하는 것과 관련된다.

그리고 확산의 의미는 "사회 시스템(social system) 내의 구성원들 간에 시간이 경과되어 특정 경로(channel)를 통해 의사소통(communication)되어지는 혁신(새로운 아이디어) 과정"을 말한다[Rogers, 1983]. 확산의 주요 변수들로는 혁신(새로운 기술, 제품, 서비스, 아이디어 등), 의사소통(경로), 시간(어떤 개인이 기존 기술과 비교하여 새로운 기술을 채택하려고 결심하는 기간), 사회시스템(개인, 집단, 다른 시스템과의 상호 관계성) 등이 있다.

Rogers[1983]는 혁신확산의 주요 특징들로 상대적 이점, 호환성, 복잡성, 시도성, 관찰성 등의 다섯 가지 요인들이 있다고 주장하였다. 그러나 이들 요인들은 모든 유형의 기술 혁신채택 의사결정에서 동일하게 적용된다고 보기 어렵지만, 이를 근간으로 하여 그 특징들을 확장하거나 응용한 연구들이 있다(<표 3> 참조).

특히, TAM에서 이용된 지각된 유용성과 용이성은 혁신확산이론의 다섯 가지 특징들 중 각각 상대적 이점, 복잡성(반대 개념)과 동일한 개념으로, Davis[1989]가 혁신확산이론으로부터 이들 요인들을 차용한 것으로 보고 있다[Agarwal and Prasad, 1997; Agarwal and Prasad, 1998; Moore and Benbasat, 1991; Karahanna, Straub, and Chervany, 1999; Parthasarathy and Bhattacherjee, 1998]. 다음은 Rogers[1983]의 혁신확산의 주요한 다섯 가지 특징들이다.

☐☐ 상대적 이점(relative advantage): 사용자에 의해 기존의 것보다 혁신이 더 낫다고 지각되는 정도

☐☐ 호환성(compatibility): 사용자에 의해 혁신이 기존 것의 가치, 필요, 과거 경험 등과 일치되는 정도

☐☐ 복잡성(complexity): 사용자에 의해 혁신이 이용하기 어렵다고 지각하는 정도

☐☐ 시도성(trialability): 사용자에 의해 혁신이 수용되기 이전에 시도(try)와 실험(experiment)될 수 있는 정도

☐☐ 관찰성(observability): 사용자에 의해 혁신이 타인(가족, 친구 등)들로부터 관찰될 수 있는 정도

Moore and Benbasat[1991]는 위에서 언급한 다섯 가지의 일반적인 혁신특성 요인들 이외에 정보기술과 관련되어 네 가지 요인들을 추가하였는데, 이들은 이미지, 자발성, 가시성, 결과실연성이다. Moore and Benbasat는 관찰성을 정보기술 관점으로 해석하여 가시성과 결과실연성으로 나누었고 이들에 대한 측정 도구들을 개발하여 신뢰성과 타당성을 획득하였다. 또한, 이 네 가지 요인들 중 Moore and Benbasat는 자발성에 대한 측정 도구도 개발하였는데, 이들 연구 이후에 혁신과 관련된 기술채택 연구들에서는 Rogers의 관찰성을 제외한 여덟 가지 혁신특징들이 함께 연구되었다[Agarwal and Prasad, 1997; Agarwal and Prasad, 1998; Karahanna, Straub, and Chervany, 1999]. MIS 관점에서 Moore and Benbasat[1991]에 의해 추가된 혁신확산 특성들은 다음과 같다.

- □□ 이미지(image): 혁신의 이용이 사회 시스템 내에서 사용자의 지위(status)를 상승시킨다고 지각하는 정도
- □□ 자발성(voluntariness): 잠재적 채택자가 강제성이 배제된 상태에서 채택 의사결정을 하는 정도
- □□ 가시성(visibility): 잠재적 채택자가 혁신을 가시적으로 조직에서 볼 수 있는 정도
- □□ 결과실연성(result demonstrability): 혁신을 이용한 결과가 유형성(tangibility)을 갖는 정도

<표 3> 혁신확산이론과 사용자 기술수용에 관한 연구들

연구자	연구 제목	연구 유형	연구 내용
Agarwal & Prasad [1997]	정보기술수용에서 혁신특성과 지각된 자발성의 역할	횡단적	Web 기술을 채택한 73명의 MBA 학생들을 대상으로 하여 Moore and Benbasat[1991]가 주장한 8개의 PCI(Perceived Characteristics of Innovating) 요인들을 독립 변수로 하여 현재/미래이용과의 관계를 검증함. 분석결과 자발성, 가시성, 호환성, 시도성 등이 현재이용에 영향을 주었고, 미래이용은 상대적 이점, 결과실연성이 관련성이 있는 것으로 나타남.
Agarwal & Prasad [1998]	정보기술의 영역에서 개인 혁신의 개념과 조작적 정의	횡단적	정보기술(Web)을 채택함에 개인 혁신성(개인이 새로운 정보기술을 이용하려는 자발성)을 조작적으로 정의하고, 이 요인이 새로운 정보기술→혁신특성(상대적 이점, 용이성, 호환성)→이용 의도 간에 조절적 영향을 주는가를 검증함. 175명의 MBA 학생들을 대상으로 한 연구에서 대부분 유의하지 않았으나, 유용성과 호환성*개인 혁신성이 이용 의도와 관계하였다.
Moore & Benbasat [1991]	정보기술 혁신채택의 지각 측정에서의 도구 개발	횡단적	Rogers[1983]의 다섯 가지 혁신특징들을 MIS 관점으로 확장하여 관찰성을 제외하고 이미지, 자발성, 가시성, 결과실연성을 추가하고 그 측정도구를 개발함. 표본은 7개 조직의 540명 사용자들을 대상으로 이들 측정도구들의 신뢰성과 타당성을 검증하였고, 8개의 혁신특성들을 PCI으로 명명함.
Karahanna, Straub, & Chervany [1999]	시간적 교차를 통한 정보기술채택: 채택 이전과 이후 신념의 횡단적 비교	횡단적	혁신확산과 태도이론을 근간으로 하여 정보기술(Window 3.1)에 대한 채택자들의 기술 채택 이전/이후의 행동을 분석함. 기술 채택 이전의 잠재적 채택자들(77명)의 기술 채택 행동 의도는 태도보다 주관적 규범에 유의하게 영향을 받았으며, 기술 채택자들(153명)은 상반된 결과를 보였다. 추가적으로 잠재적 채택자들의 태도에 용이성, 유용성, 가시성, 결과실연성, 시도성 등이 영향을 주었고, 채택자들의 태도에는 이미지, 유용성이 관계하였다.

연구자	연구 제목	연구 유형	연구 내용
Parthasar-at hy & Bhattacher-j ee[1998]	온라인 서비스 상황에서 채택 후 행동의 이해	횡단적	정보기술(on-line service)을 사용자들이 채택한 후 이들을 연속형(69명)/불연속형(76명) 채택자들로 나누어 혁신확산의 특징들 중 유용성(상대적 이점), 용이성(복잡성의 반대개념), 호환성 등을 비교함. 분석결과 유용성과 호환성에서 연속형 채택자가 불연속형 채택자보다 높게 유의하였고, 용이성은 차이가 없는 것으로 나타남. 기타 요인들로 외부 영향(통신 및 정보 자원), 활용, 네트워크 외부성 등에서 연속형 채택자가 불연속형 채택자보다 높게 유의하였고, 내부 사람들 간의 영향은 반대의 결과를 보였다.

제2절 지식경영과 지식경영시스템에서의 사용자 행동

이 절에서는 지식경영에 관한 여러 연구들 중 정보기술(혹은 정보시스템) 관점의 지식경영을 중심으로 살펴보고자 한다. 이는 이 연구의 목적을 달성하기 위해 사용자의 KMS 수용에 영향을 주는 요인들을 식별하는 것에 기인하지만, 현재 국·내외 기업 조직들의 지식경영에서 나타나는 주요 특징들 중 하나가 조직구성원들의 내재된(internalization) 지식을 외재화(externalization) 시키기 위해 KMS를 활용하거나 권장하고 있어 이를 중심으로 살펴보았다. 이 절에서는 지식경영의 정의, 지식경영과 지식경영시스템과의 관계, 지식경영시스템의 유형, 지식경영시스템에서의 사용자 행동 등에 관하여 알아본다.

2.2.1 지식경영과 지식경영시스템

지식경영(Knowledge Management: KM)에 대한 그간의 연구들을 살펴보면, 연구의 영역도 다양하고 광범위하여 상당수에 이르는 연구 결과물들이 산출되어 왔다.13) 즉, 개인에서부터 집단, 조직, 사회, 국가 수준에 이르는 모든 부문에서 지식경영에 대한 연구들이 수행되어 그 중요성이 강조되어 왔다. 이러한 많은 연구들이 수행된 배경에는 모든 영역에서 "지식이 곧 경쟁력"이라는 인식이 그 바탕에 있었기 때문으로 해석된다.14) 연구자들 중 대표적으로 Krogh[1998]는 지식경영을 "조직 내부에 있

---

13) 지식경영과 연계되어 그동안 연구된 인접 이론 영역들은 혁신, 학습, 조직능력, 네트워크, 정보기술, 지적자본, 조직 및 인적자원관리 등으로 경영학의 주요 영역들에서 지식경영에 관한 연구들이 이루어졌다 [김인수, 2000].
14) 지식은 일반적으로 "효과적인 행동을 하도록 개체의 능력을 증대시켜 주는 신념(belief that increases an entity's capacity for effective action)"으로 정의된다[Huber, 1991; Nonaka, 1994]. 또한, 이러한 지식은 여러 관점들을 포함하는데, ① 지력 상태(state of mind: 지식은 경험/학습을 통해 어떤 사실을 알고 있거나 이해하는 상태) ② 객체 (an object: 지식은 저장되거나 처리되는 대상) ③ 프로세스(a process: 지식은 또 다른 전문 지식으로 응용될 수 있는 과정) ④ 정보 접근 (access to information: 지식은 정보 검색과 접근 용이성을 제공) ⑤ 능력(a capability: 지식은 미래 행동에 영향을 미침) 등이다[Alavi and Leidner, 2001]. 그리고 지식은 데이터, 정보 등과 다른 의미를 갖는다. 데이터는 정보를 산출하기 위해 그 이전에 존재하는 가공되지 않은 원료인 숫자, 문자, 사실 등을 의미하며, 정보는 데이터를 처리하여 획득된 상태를 말한다. 이러한 관계에서 지식과 정보 간의 차이점을 구별하기 어려운데, 정보는 데이터를 처리한 후에 발생하며 지식은 데이터, 정보 이전부터 존재하거나 이후부터 발생한 것으로 개인의 지력 체계에 존재하여 데이터와 정보를 산출하는데 영향을 주거나 또 다른 지식을 재생산하는 측면이 있다. Alavi and Leidner[2001]은 데이터, 정보, 지식 간의 관계에서 지식을 개인의 지력에 의해 처리된 개인화된 정보(personalized information)로 간주하였다.

는 집합적 지식(collective knowledge)이 조직의 경쟁력을 향상시킴을 인식하는 것"으로 정의하여 지식이 조직의 경쟁력 향상에 기여하는 것으로 간주하였다.

반면에, Hackbarth[1998]은 지식경영의 목적을 조직의 혁신과 환경에 대한 반응을 촉진하는 것으로 고려하여 혁신관점에서 지식경영을 논의하였다. 그리고 Marwick[1998]은 유럽 조직들을 대상으로 한 설문 결과를 기초로 조직에 있는 종업원들의 이직 및 조직 내부의 지식 공유상의 문제로 조직 지식의 절반 정도가 사라지거나 사장되는 경우가 있다고 지적하였다. 이는 단적으로 조직 내부의 지식 프로세스상에 문제가 있음을 나타낸 것으로 지식 프로세스를 시스템화할 필요성이 제기된다고 할 수 있다.

Davenport and Prusak[1998]은 조직의 지식경영 프로젝트는 세 가지 목적이 추구되어야 함을 언급하였는데, 첫째, 지식은 조직 내부에서 가시적(visible)으로 보여져야 하고 그 역할은 명료하여야 한다. 둘째, 조직은 구성원들에 의해 지식이 공유, 탐색, 제공과 같은 행동이 유발되도록 독려하는 지식강도 문화(knowledge-intensive culture)를 개발한다. 셋째, 조직 구성원들이 서로 시·공간, 도구, 상호작용(interact), 협업(collaborate) 등에서 연관성을 갖도록 거미줄(web) 같은 망을 구축하기 위해 기술적 시스템과 지식 인프라를 만들어야 한다.

이들의 지식경영에 관한 주요 논점은 지식의 외부화, 지식의 공유 문화, 지식의 시스템화로 요약될 수 있다. 즉, 조직 구성원들은 내재화된 지식을 조직 내에서 자신의 내부에서 외부로 표출시켜야

하고, 다른 구성원들이 이를 공유하도록 정보시스템이 지원되어야 함을 강조한 것으로 고려해 볼 수 있다. 이는 조직 내에서 지식 프로세스(knowledge process)가 원활히 동작되어야 함을 중시한 측면과 일맥상통하는데, 지식 프로세스는 지식창출(creating), 저장(storing)/검색(retrieving), 전파(transferring), 응용(applying) 등의 네 단계로 전개되고 있다. 이러한 지식 프로세스는 조직의 지식경영 프로세스로도 간주되며 이 프로세스를 원활하게 지원하는 정보시스템을 KMS로 부르고 있는 것이다.

지식경영시스템이 사용자들에게 제공하는 정보나 지식의 예로는 온라인 디렉토리를 이용하여 정보 원천 혹은 전문 지식을 발견하도록 지원하며, 데이터베이스의 검색, 가상 팀(virtual team) 내에서의 작업과 지식공유, 과거 수행된 프로젝트에 대한 정보 접근, 거래 데이터의 분석을 통한 고객의 욕구와 행동에 대한 학습 등이다. 이러한 지식경영시스템이 조직에서 공통적으로 응용되는 세 가지 측면은 (1) 최선의 관행(best practices)의 공유와 코드화, (2) 조직 지식 디렉토리의 창조, (3) 지식 네트워크의 창출 등이다[Alavi and Leidner, 2001].[15)]

---

15) 최선의 관행(best practices)의 공유와 코드화는 조직 내부의 최고 실행을 위한 내부 벤치마킹(internal benchmarking)으로 조직에게 가장 이익이 될 수 있는 지식을 조직구성원들이 KMS를 통해 서로 공유하고 학습하는 것을 의미한다. 조직 지식 디렉토리의 창조는 내부 전문지식의 사상(mapping)으로 대부분의 조직들에서 유용한 지식이 코드화되지 않거나 접근 불가능한 경우가 많은데, 이를 시스템화하여 조직 내에 새로운 지식 체계를 KMS로 구축하는 것을 의미한다. 지식 네트워크의 창출은 KMS로 가상의 지식 네트워크로 활용하는 것을 의미하는데, 조직 구성원들이 특정 분야의 지식을 필요로 할 경우에 이를 통해 자신이 필요한 지식을 검색·공유하거나 전문가와 대화·통신(communication)하도록 지원하는 것을 말한다.

이러한 지식경영시스템은 조직의 지식을 관리하기 위해 정보기술을 응용한 정보시스템의 한 부류로 고려해 볼 수 있다. 그러나 지식경영을 위해 정보기술이 절대적으로 필요·충분한 것이 아니라 지식경영을 지원하는 도구 혹은 중요한 기능적(enabler) 역할을 한다는 인식이 중요하다는 점이다[Davenport and Prusak, 1998]. 지식경영을 위해 중요한 요인으로 고려되는 것은 지식경영 프로세스상에서 그 중심에 있는 사람(people)과 원활한 지식공유와 지속적으로 환경에 대해 학습하고 지식을 창출하는 조직 문화(organizational culture)적 요소이다. 이외에도 환경과의 상호작용, 정보에서 지식으로의 전환 능력, 지식과 조직의 경험, 가치, 내부 규칙들 간의 종합화 등이 중요하다.

조직은 지식경영시스템을 통해 조직 구성원 및 그룹들이 가진 고유한 지식이 다른 구성원들과 그룹들에게도 용이하게 전파되기를 희망한다. 이러한 지식공유과정을 통해 조직은 개인과 그룹의 성과가 증대되기를 원하며, 종국에는 조직의 성과가 향상될 것으로 기대한다. 이에 오늘날 대부분의 조직들은 적극적으로 지식경영시스템을 이용하도록 구성원들에게 보상(incentive)을 주며 그 이용을 독려하고 있는 상황이다[Hayes and Walsham, 2001].

2.2.2 지식경영시스템과 그룹지원시스템

지식경영시스템의 일반적인 유형은 <표 4>에 보인바와 같이 그룹웨어(Groupware) 혹은 인트라넷(Intranet)이다. 이러한 정보시

스템은 지식경영 프로세스의 전체 과정을 지원하는 것으로 <표
4>와 같이 각 과정별로 해당 정보기술 유형들이 지원되고 있다.
즉 지식경영시스템은 대표적으로 그룹웨어나 인트라넷이지만, 이
를 지원하는 정보기술 유형들은 과거로부터 현재까지 존재해왔던
정보시스템들이다.

  그런데 그룹웨어와 인트라넷이 동일한 것인지 아니면 서로 다른
시스템들인가에 대해 의문이 든다. 문헌을 통해 각 시스템들의 개
념을 살펴보면, 그룹웨어는 Vandenbosch and Ginzberg[1996-97]
에 의해 "조직이 비즈니스 프로세스를 통합(coordination)하고 협
업(collaboration)과 커뮤니케이션을 향상시키는 하드웨어, 소프트
웨어, 통신망의 집합(collection)"으로 정의되었다. 또한, 이는 구조
적/비구조적 자원들에 대해 시·공간을 넘어 조직구성원들이 지식
과 전문성을 공유하고 조직 내·외부의 기억(memory)을 증대시키
는 기능을 한다고 하였다. 이러한 그룹웨어의 정의와 기능은 조직
기억 곧 지식경영을 달성하게 하는 시스템으로 볼 수 있다.

<표 4> 지식경영 프로세스와 정보기술의 역할

지식경영 프로세스	지식창출	지식저장/검색	지식전파	지식응용
정보기술 지원유형	데이터 마이닝/학습도구	전자게시판/ 지식 저장소/ 데이터베이스	전자게시판/ 토론 포럼/ 지식 디렉토리	전문가 시스템/ 작업흐름 시스템
정보기술의 기능	새로운 원천 지식의 종합화/ 학습의 적시성	개인과 조직 기억의 지원/ 지식의 그룹 간 접근 지원	내부 네트워크의 확장/ 가용 통신 채널의 확장/ 원천 지식의 더 빠른 접근	여러 영역에서 지식의 응용/ 작업흐름의 자동화로 새로운 지식의 더 빠른 응용
기술 플랫 폼	그룹웨어와 통신기술			
	인트라넷			

자료: Alavi and Leidner[2001]

반면에, 인트라넷은 인터넷을 이용하여 구축된 사내 통신망으로 "개인들이 조직 내부의 정보를 공유, 커뮤니케이션, 협업하도록 도와주는 시스템"으로 정의되어 조직이 지식경영을 위해 필요한 시스템으로 보고 있다[Choo, Detlor, and Turnbull, 2000; Stenmark, 2002]. 그러나 현재 그룹웨어도 웹과 연동되고 있어 웹 그룹웨어가 등장하고 있는 상황이다[Dennis and Wheeler, 1997]. 즉 양 시스템들은 조직구성원들이 통신망을 통한 지식공유, 협업, 커뮤니케이션을 향상시켜 조직이 지식경영을 달성하도록 도와주는 시스템이라는 점에서 공통점을 갖고 있어 이들 간의 현격한 차이를 발견하기 어렵다. 하지만, 현재의 그룹웨어는 인터넷 확산 이전에도 그룹지원시스템(Group Support Systems: 이하 GSS)[16)

---

16) 그룹웨어를 GSS로 고려한 연구자들은 Hilmer and Dennis[2000-01]이다. 이들의 연구는 2.2.3절에서 다루어진다.

의 범주 내에서 진화된 시스템으로 논의될 수 있는데, 과거의 GSS도 그룹에 속한 개인(혹은 그룹구성원)들이 정보공유→아이디어 창출→아이디어 조직화→합의점 도출→이슈화 탐색 등의 프로세스를 지원하였다[Romano et al., 1999].

이는 현재의 지식경영 프로세스와 동일하다고 할 수 있어 GSS가 그룹 및 개인의 지식이 조직 내부에 전파·축적되도록 지원하여 현재의 지식경영 프로세스와 같은 단계를 거쳤던 것이다. 즉 현재의 지식경영 프로세스는 혁신적으로 나타난 현상이 아니며 시스템도 동일한 선상에서 논의할 수 있을 것이다. 또한, 그룹웨어는 인터넷이 상업적으로 확산되기 이전에도 상업용 패키지(대표적인 예로 Lotus Notes) 형태로 출시되어 이미 많은 조직들에게 개인, 그룹, 조직을 지원하는 시스템으로 소개되었다.

이에 이 연구에서는 그룹웨어와 인트라넷을 동일하게 지식경영을 지원하는 시스템으로 보아 "조직의 그룹 및 개인들이 조직 내부의 정보와 지식을 서로 공유하고 커뮤니케이션의 증진과 협업을 지원하는 조직 내부의 통신망(정보시스템)"으로 정의하고 현업의 조직들에서 그룹웨어 및 인트라넷 등의 형태들로 지식경영시스템을 고려할 경우 이들 모두를 KMS로 간주한다. 이와 같이 지식경영시스템을 그룹웨어와 인트라넷으로 고려할 경우에 이에 대한 기존 연구들을 살펴보아야 할 것이다. 하지만, 최근의 그룹웨어나 인트라넷에 대한 연구들은 많은 진전을 보지 못하고 소수의 연구자들에 의해 그 연구들이 수행되었으며, 더욱이 본 연구의 목적과 정확히 부합되는 TAM 관점의 개인 수준에서의 그룹웨어 수용에 대한 연구는 아직 이루어지지 않고 있다.

그러나 그룹웨어를 GSS의 한 부류로 고려할 경우 GSS에 대한 과거 연구들은 상당수에 이르고 있어 이를 먼저 살펴보고, 다음절에서 그룹웨어에 대한 연구들을 살펴보기로 한다. 먼저 GSS의 정의를 알아보면, DeSanctis and Gallupe[1987]에 의해 GSS는 "그룹회의와 문제형식을 지원하는 커뮤니케이션, 컴퓨터, 의사결정기술을 종합화한 것"으로 언급되었다. 또한, Nunamaker[1997]는 "그룹의 의사결정과 협의, 커뮤니케이션을 가능하게 하거나 그에 초점을 두어 설계된 소프트웨어, 기술, 기법들의 집합"으로 정의하였으며, Briggs, et al.[1998-99]는 GSS를 "그룹의 노력을 목표에 일치시키고 통합하기 위해 지원되는 네트워크 기반 소프트웨어 도구들의 모음(suite)"이라 하였다.

Fjermestad and Hiltz[2000]도 GSS를 "인지적/상호작용 프로세스를 지원하기 위해 구조와 도구들을 제공하고, 과업을 수행하는 그룹 구성원들을 지원하기 위해 설계된 소프트웨어를 포함한 컴퓨터 매개 커뮤니케이션 시스템(Computer-Mediated Communication Systems: CMCS)"으로 정의하였다. 이러한 GSS의 정의들을 고찰하였을 때 공통적인 것은 그룹웨어나 인트라넷의 정의에서 언급된 개인이나 그룹 간의 협의, 커뮤니케이션, 통합, 상호작용 등의 개념들이 동일하게 논의되고 있다는 점이다. 즉 위에서 언급했듯이 그룹웨어나 인트라넷은 GSS 범주 내에 있다고 볼 수 있다.

한편, Zigurs and Buckland[1998]는 GSS 연구의 분류기준 및 기술범주를 중심으로 <표 5>와 같이 기존 GSS 연구들을 정리하였는데, 이를 바탕으로 이들은 기술적 측면에서 GSS가 공통적으로 세 가지 특성을 보인다고 주장하고 있다. GSS의 세 가지 특성은 커뮤니케이션 지원(communication support), 프로세스 구조화(process structuring), 정보처리(information processing)이다. GSS의 커뮤니케이션 지원은 그룹구성원들이 서로 대화·통신할 수 있도록 그 능력을 정의, 향상, 지원하는 것으로 동시(simultaneous) 입력, 익명(anonymous) 입력, 입력 피드백, 그룹 디스플레이, 커뮤니케이션 채널의 물리적 구성 등을 말한다.

<표 5> 그룹지원시스템(GSS) 연구의 분류기준 및 기술범주

연구자	GSS 분류기준	GSS 기술범주
Dennis et al.[1988]	그룹 프로세스와 결과, 방법, 환경	전반적인 GSS 기술범주를 논의하지 않고, 분류기준의 각 요소들을 상세히 묘사(예: 환경은 그룹크기를 포함하며, 참여자의 위치, 회의시간 등)
Johansen[1992]	시간과 공간 구성	동일한 시간/공간, 동일한 시간/다른 공간, 다른 시간/동일한 공간, 다른 시간/다른 공간
DeSanctis and Poole[1994]	구조 특성들과 기술 정신(spirit)	전반적인 GSS 기술범주를 논의하지 않고, 분류기준의 각 요소가 정량(scalable) 차원에 의해 특성화됨(예: 정신은 의사결정 프로세스, 리더십, 효율성 등으로 구성된다.)
McGrath and Hollingshead[1994]	시스템의 주요 기능(커뮤니케이션, 정보, 과업 지원)	그룹 내부 커뮤니케이션 지원 시스템(GICSS), 그룹 정보 지원 시스템(GISS), 그룹 외부 커뮤니케이션 시스템(GECS), 그룹 성과 지원 시스템(GPSS)
Vickers[1994]	최종 사용자들에 의한 시스템의 수정과 통제 불가능에 대한 정도	폐쇄, 폐쇄/개방, 개방/폐쇄, 개방
Rana et al[1997]	시스템 구성요소들의 일반적 지원 특성들의 존재와 부재	개인 지원, 그룹 프로세스 지원, 메타 프로세스 지원, 그룹 모델 지원

자료: Zigurs and Buckland[1998]에서 일부 인용

　프로세스 구조화는 안건(agenda)의 설정 및 집행, 촉진, 그룹 상호작용의 완전한 기록 능력을 포함하여 그룹 상호작용 프로세스를 정의, 향상, 지원하는 것을 의미한다. 마지막으로 GSS의 정보처리능력은 정보를 수집(gather), 집합(aggregate), 평가(evaluate), 구조화(structure)하는 능력이다. 그리고 GSS 연구의 통합적 프레임워크를 제시한 Pinsonneault and Kraemer[1989]의 모델은 <그림 11>과 같으

며, 이 프레임워크는 현재까지 GSS 연구 영역에서 유용한 것으로 인정받고 있다[Batenburg and Bongers, 2001; Petrovic and Krickl, 1994].

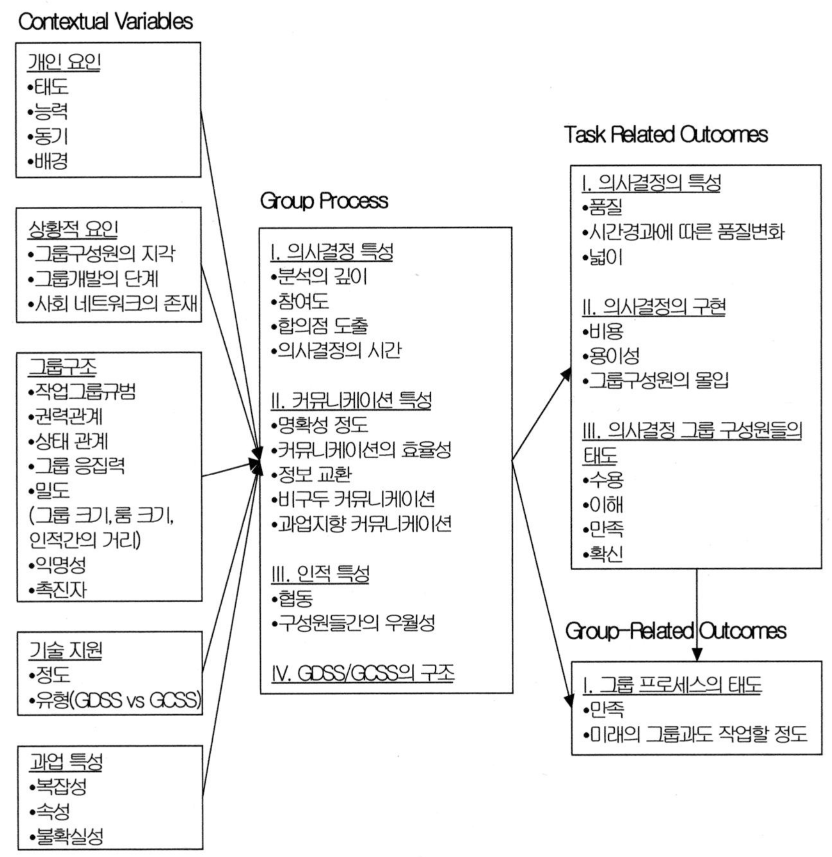

<그림 11> Pinsonneault and Kraemer[1989]의 GSS 연구의 통합 프레임워크

Pinsonneault and Kraemer는 GSS의 통합 프레임워크를 개발

하기 위해 조직행동과 그룹심리학의 연구들이 근간임을 밝히고, GSS의 주요 요인들로 (1) 배경(contextual), (2) 그룹프로세스 (group process) (3) 과업관련결과(task related outcomes), (4) 그룹상호작용에 의한 그룹관련결과(group related outcomes) 등이 있다고 하였다. 이들의 관점은 기술적 지원을 주요하게 고려하여 기술적 지원이 그룹능력을 향상시키고 이를 통해 그룹 프로세스를 촉진하며, 그룹상호작용에서 발생하는 장애 제거와 과업향상, 과업 성과의 향상을 통해 그룹 구성원들의 가치를 강화하는 기능을 한다고 주장하였다. 이러한 Pinsonneault and Kraemer[1989]의 통합 프레임워크에서 제시된 요인들이 GSS 연구 영역에서 현재까지 주요하게 참조되고 있다. 이 프레임워크는 당시의 GSS 부류라 할 수 있는 GDSS와 GCSS를 중심으로 하여 선행 요인, 과정(매개), 결과 요인들을 총망라하여 미래의 GSS 연구자들에게 다양한 GSS 연구가 되도록 그 영역을 확대한 측면에서 공헌도를 인정받고 있다.

과거 GSS의 연구들은 크게 세 가지 방식으로 연구되어 왔는데, 이는 사례연구(case study), 설문(survey), 실험(experimental)에 의한 연구들이었다. 이들 중 실험(experimental)에 의한 연구들이 대부분을 차지하여 90%에 이르고 있다[Fjermestad and Hiltz, 1998]. 그리고 과거의 GSS 연구 결과들은 서로 일치되거나 그렇지 못한 결과들을 나타내어 일관되지 않은 모습들을 보여왔다.17) 즉,

---

17) Fjermestad and Hiltz[1999]가 메타분석에서 다룬 GSS의 독립 변수들은 네 가지로 과업지원(task support), 프로세스 구조(process structure), 설계(design), 커뮤니케이션이며, 매개 변수들은 회의 특성들(meeting characteristics)로 실험설계(experimental design), 회합의 길이(length

GSS에서 주요하게 고려한 독립, 매개(조절), 종속 변수들 간의 관련성이 서로 불일치하였는데, Fjermestad and Hiltz[1999]는 1971년부터 1998년까지의 GSS 연구 결과들을 기초로 한 메타분석(meta-analysis)에서 이들 변수들 간에 차이가 있거나 그렇지 않음을 보여 주었다.

그런데, 최근의 GSS 연구 동향은 과업과 기술(혹은 시스템) 간의 Fit에 관한 연구가 주목을 끌고 있다. 대표적으로 Dennis, Wixom, and Vandenberg[2001]는 Fjermestad and Hiltz[1999]와 동일하게 과거 15년 동안의 GSS 연구 결과들을 메타분석을 통해 FAM(Fit Appropriation Model)[18]이라는 프레임워크의 제시

---

of session), 회합수(number of sessions), 훈련 등이고 종속 변수들은 효율성, 효과성, 만족, 합의(consensus), 사용가능성(usability)에서 과거 GSS 연구들의 결과는 독립-매개-종속 간의 관계가 일치되어 이들 변수들이 서로 상관관계가 있거나 그렇지 못한 경우도 있어 그간의 GSS 연구들은 일관적이지 않다고 주장하였다. 이들의 주요 연구목적은 위와 같은 변수들을 대상으로 GSS와 FtF(face to face) 간을 비교하여 흥미롭게도 차이가 없다는 결과를 얻었다.

18) Fit와 Appropriate의 사전적 의미를 살펴보면, 전자는 어떤 상황 및 목적에 정확히 맞는 상태를 의미하고 후자는 어떤 일상적·일시적인 상황의 특정 목적에 부합되는 상태를 말한다. 이러한 의미를 감안하여 본 연구에서는 한글 번역에서 Fit를 "적합"으로 Appropriate를 "적정"으로 통일하여 표기한다. Fit 개념을 추가하여 부연·설명하면 경영학의 전략경영 영역에서 상황이론(contingency theory) 내에서 다루어졌다. Venkatraman[1989]의 연구에 따르면 Fit는 여섯 측면으로 세분되고 있어 상황이론에서 다루어지고 있음을 파악해 볼 수 있다. Fit의 여섯 개념은 조화(matching: a match between two variables), 일관(covariation: internal consistency of theoretically related variables), 통일(gestalts: internal congruence of related variables), 조절(moderation: interaction), 매개(mediation: intervention), 윤곽편향(profile deviation: adherence to a specified profile) 등이다. 그리고 FAM에서 사용된 Fit 개념은 GSS 능력과 과업 간의 조절(moderation: interaction)이며, FAM은 Zigurs and Buckland[1998]의 GSS 특성을 받아들여 커뮤니케이션 지원과 정보처리

와 GSS의 성과 분석을 실시하였다(<그림 12> 참조). 이 모델에서 Fit는 그간 상황이론으로 간주되어 과업과 기술 간의 "적합"이 개인 및 그룹의 성과와 관련성이 높다는 개념이다. 이는 과업이 불확실하고 복잡성을 갖는 경우 이를 지원하는 정보기술과의 적합을 통해 개인 및 그룹이 자신들의 업무 성과를 높인다는 이론이다.[19]

그간 과업과 기술 간의 적합(Task Technology Fit: 이하 TTF)에 대한 연구는 TTF가 개인 및 그룹의 기술 이용에 영향을 주고 종국에는 개인 및 그룹의 성과에 영향을 준다는 것으로 입증되어 왔다[Goodhue, 1995; Goodhue and Thompson, 1995; Todd and Benbasat, 2000]. Dennis, Wixom, and Vandenberg[2001]는 모호성과 불확실성이라는 두 가지 관점의 과업 특성을 다른 시각으로 보아 창출(generation), 선택(choice), 종합화(combination)로 구성된 개념으로 보았다.

지원이 과업과 Fit되며 프로세스 구조화는 Appropriate를 지원하는 것으로 설정되었다.

19) 기존의 GSS 연구들에서 사용된 과업의 개념들은 대표적으로 두 가지로 Pinsonneault and Kraemer의 프레임워크에 나타난 복잡성(complexity: 모호성(equivocality))과 불확실성(uncertainty)이다. 과거 GSS 연구들에서 이렇게 과업의 특성을 비구조적(unstructured)인 것으로 고려한 이유는 그간 GSS와 같은 부류의 정보시스템은 불확실한 상황에 있는 개인 및 그룹에게 의사결정에 필요한 정보를 제공하여 의사결정의 질과 과업 성과를 높여왔기 때문이다. 또한, Silver[1990, 1991]도 과업에 대해 개인이 복잡(모호)하거나 불확실하다고 지각할 경우 개인은 더 많은 정보를 탐색하려 하고 이에 부합되는 정보시스템(예: DSS, GDSS, Expert Systems 등)을 이용하려는 의도가 높음을 제시하여 GSS가 비구조적 과업에서 유용하다는 것과 동일한 맥락을 갖는다고 할 수 있다.

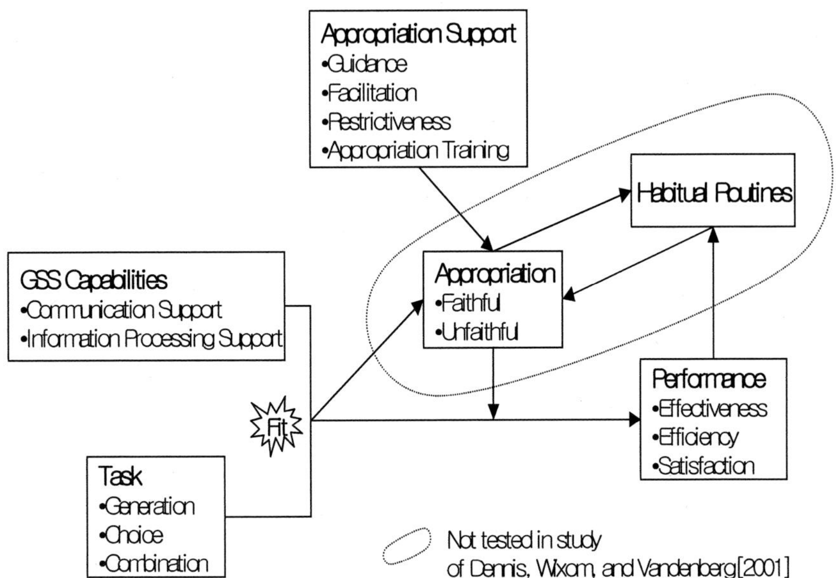

<그림 12> Dennis, Wixom, and Vandenberg[2001]의 FAM

창출의 개념은 개인 및 그룹이 목표를 달성하기 위해 새로운 아이디어 및 대안들을 제안하는 것이며, 선택은 새로운 아이디어 및 대안들을 선별하고, 종합화 단계에 이르러 TTF가 이루어지는 것을 의미한다. 즉 종합화는 GSS의 커뮤니케이션 지원과 정보처리 지원으로 인해 창출과 선택이라는 과업 특성과 기술이 Fit 되었을 경우로 커뮤니케이션 지원은 하위 과업(sub-tasks)들을 창출시키는 역할을 하며, 커뮤니케이션 지원과 정보처리 지원은 하위 과업들을 선택하는 기능을 하여 TTF가 종합화된다는 것이다. 또한, 이들은 Appropriation의 개념에 대해 개인 및 그룹들은 GSS 기술을 다른 방식으로 "적정"하게 이용하고 있어 Fit 이론과 마찬가지로 중요한 개념이라고 주장하였다. 이는 두 가지 개념을 포함하고

있는데, 이는 신용(faithful)과 비신용(unfaithful) 변수이다.

신용은 그룹 구성원들이 GSS를 시스템 설계자가 의도한대로 시스템을 채택하는 것으로 시스템을 믿는 정도로 해석할 수 있다. 반면에, 비신용은 신용과 상반되어 설계자의 의도대로 사용자들이 시스템을 이용하지 않음을 뜻한다. Dennis, Wixom, and Vandenberg은 적정 요인이 TTF와 성과 간에 개념적으로 조절 효과가 있을 것으로 제안하였으나, 과거 자료의 부재로 인해 실제로 이를 분석하지 못했다. 그리고 적정에 영향을 주는 요인들은 두 가지로 적정지원(appropriation support)과 습관적 관례(habitual routines)이다.

적정지원은 지침(guidance), 촉진(facilitation), 제한(restrictiveness), 적정한 훈련(appropriation training)으로 구성된 개념이고 이는 GSS의 프로세스 구조화 지원에 의해 달성된다. 먼저, 지침은 안건(agenda)에 관한 것으로 이는 그룹구성원들에 의해 변화되지 않아 수동적(passive) 변수이다. 반면에, 촉진, 제한, 적정한 훈련은 프로세스 지원이 제공됨에 따라 더 활동적(active)인 변수를 의미한다. 그리고 <그림 12>에 보인바와 같이 GSS는 TTF에 의해 개인이나 그룹에 의해 이용될 뿐만 아니라 시간적 경과에 따른 그룹의 습관적 관례(habitual routines)와 기술 간의 적합에 의해서도 이용될 수 있다고 하였다.

이와 같이 FAM을 제시한 Dennis, Wixom, and Vandenberg[2001]는 적정이 TTF와 성과 간의 조절 효과에 대해 과거 자료의 부재로

인해 이를 검증하지 못하였고 미래 연구자들에게 제안하는 수준이었
다. 그러나 이들은 메타분석을 통해 TTF, 적정지원과 성과 간의
관련성을 분석하여 TTF는 결과 효과성에 적정지원은 프로세스에
유의하다는 결과를 획득하였다.[20] 이러한 결과로부터 이들은 GSS
가 구성원들의 아이디어 창출에 기여하고, 시간절약의 효율성과
GSS가 부재한 경우보다 GSS가 존재하는 것이 개인 및 그룹의 업
무 성과를 높이는 기능을 한다고 주장하였다.

2.2.3 지식경영시스템과 사용자 행동

이 절에서는 전 절에서 논의한대로 GSS 범주 내에 속하고 지
식경영시스템으로 고려한 그룹웨어에 대한 사용자, 그룹, 조직
관점에서의 기존 연구들을 살펴본다. 먼저, Vandenbosch and
Ginzberg[1996]는 그룹웨어의 대표적인 상업용 패키지인 Lotus
Notes에 대해 미국 내에 가장 큰 보험회사에 있는 사용자들을
대상으로 연구하였다. 이들은 Lotus Notes를 구현하고 이를 이
용하는 관리자에서 일반 사원에 이르는 290명과 245명의 사용자
들을 표본으로 하여 시간 간격을 두고 두 번에 걸쳐 설문하였다.
조사 내용들은 Lotus Notes에 대한 개인이 지각하는 유용성
(usefulness), 그룹 간의 협업(collaboration), 조직의 지각된 효

---

20) 결과 효과성의 주요 종속 변수는 의사결정의 질(decision quality), 아이
    디어의 수(number of ideas)이며, 프로세스의 종속 변수는 요구된 시간
    (time)에 과업을 완료하는 효율성과 프로세스 만족(process satisfaction)
    이다. 또 다른 종속 변수로 결과 만족(outcomes satisfaction)이 존재하
    나, Dennis, Wixom, and Vandenberg[2001]의 연구에서 유의하지 않은
    결과를 보였다.

율성(efficiency)과 효과성(effectiveness)에 대한 것이었다. 두 번에 걸친 설문에서 245명은 이전의 290명 중 동일 사용자로 이들이 지각한 Lotus Notes의 상기 요인들에 대한 차이(paired t-test)를 발견하려 했다.

흥미롭게도 시간 경과에 따른 사용자들의 Lotus Notes에 대한 지각은 과(department), 부서(division), 조직(corporate) 간의 협업을 증진한다는 측면에서 차이를 보이지 않았으나, 개인의 유용성(Hotelling's t=0.125, p=0.003), 조직의 효율성(Hotelling's t=0.175, p=0.001)과 효과성(Hotelling's t=0.104, p=0.003)은 첫 번째보다 두 번째 조사에서 더 큰 것으로 분석되었다. 이러한 결과로부터 Vandenbosch and Ginzberg는 조직차원의 새로운 기술이라 할 수 있는 그룹웨어의 구현은 조직과 서로 적합(Fit)되어야 하고, 조직은 그 기술에 대해 적절한 교육과 훈련이 필요하다고 주장하였다.

최근의 그룹웨어 관한 연구는 Hilmer and Dennis[2000-01]에 의해 수행되었다. 이들의 연구는 그룹 내의 사용자들이 그룹웨어를 이용할 경우에 그룹웨어 프로세스가 사용자들에게 정보 주목(attention to information)과 통합(integration)[21]을 증대시키도록

---

21) Hilmer and Dennis[2000-01]는 개인의 정보처리는 두 단계에 걸려 이루어지는 인지적 정보처리(cognitive information processing) 관점에서 정보 주목과 통합에 대해 논의하였다. 개인들은 일단 타인들로부터 새로운 정보가 제공되면, 첫 번째 단계로 그 정보에 인지적으로 초점을 맞추고 주목한다는 것이다. 두 번째 단계는 이러한 정보 주목 후에 개인들은 그 정보에 대해 유용성과 관련성을 평가하여 자신의 의사결정 프레임워크와 통합하는 단계를 거친다는 것이다.

자극(stimulating)을 주어 의사결정 품질(decision quality)을 증가시키는가에 초점을 두고 188명의 대학생들을 대상으로 실험하였다. 실험의 분석결과는 사용자들이 그룹웨어 프로세스를 통해 정보 주목과 통합의 증대에서 부분적으로 만족하고 있음을 발견하였다. 그리고 정보 주목이 의사결정의 품질을 증대시키지 못함을 확인하였지만, 정보 통합이 더 나은 개인들의 의사결정을 유도하고 영향을 준다는 결과를 얻었다.

Hilmer and Dennis는 그룹웨어에 대한 이 같은 연구 결과로부터 과거 GSS 연구들이 그룹 내에 정보 교환(information exchange)을 향상시켜 의사결정의 질을 향상시킨다는 결과들과 다르다는 것을 발견하였다. 즉 이들은 사용자들이 추가적인 정보가 들어올 경우에 그룹웨어 프로세스를 통해 더 나은 의사결정을 하지 못할 수도 있음을 이 연구가 보여주었고, 이는 개인들이 새로운 정보가 들어올 경우 오히려 어려움을 겪거나 처리하지 못한다는 것으로 해석했다. 하지만, 대체로 그룹웨어는 자동적으로 정보를 범주화(categorizing) 및 조직화(organizing)시켜 주어 정보 수용자들에게 일부분 정보 주목과 집중을 이끌고 의사결정 시에도 영향을 준다고 결론지었다.

또 다른 그룹웨어에 대한 연구는 Hayes[2001]와 Hayes and Walsham[2001]에 의해 수행되었는데, 이들의 연구는 공통적으로 사례연구를 통한 서술적 연구(descriptive study)이다. 먼저, Hayes[2001]는 영국의 다국적 제약사를 대상으로 한 사례연구에서 그룹웨어가 시·공간을 넘어 서로 다른 기능들에 속한 조직구성원들이 서로 필요한 지식과 경험 등을 공유하도록 활성화하여 지식경영 프로세스를 지원하는 장점이 있음을 주장하였다. 특히 Hayes는 그룹웨어가 시·공간과 기능들(functions) 간의 경계(bounded)와 비경계(boundless)에서 조직구성원들의 원활한 상호작용을 촉진한다고 주장하였다.

비경계 내에서 그룹웨어는 관점 창출(perspective making)과 획득(taking) 측면에서 몇 가지 기회들을 조직구성원들에게 제공한다.22) 관점 창출은 기능 내의 조직구성원들이 어떻게 작업을 할 것인가에 대한 논의와 숙고 과정에서 발생하며, 그룹웨어에 존재하는 전사적 차원의 데이터베이스는 특정 기능 내에 속한 구성원들이 다차원의 정보에 접근하도록 하여 다른 관점을 창출하도록 한다는 것이다. 그리고 관점 획득에서는 다른 방식으로 작업을 하는 구성원들과 서로 관여되는 경우에 기능 혹은 세부의 데이터베이스를 통해 다른 구성원들의 관점을 획득하며, 전사적 차원의 데이터베이스를 통해 다른 기능에 속한 구성원들의 정보를 제공받을 수 있는 기회를 갖게 된다는 것이다.

또한 Hayes and Walsham[2001]은 조직구성원들이 그룹웨어를 통해 조직 내부에 실행 공동체(communities of practice)를 형성하고 이를 통해 조직구성원들은 지식작업을 위해 여러 형태의 참여(participation)를 달성하고 있다고 주장하고 있다. 그룹웨어의 주요 사용의 구성요소들은 이메일(e-mail). 전략적 판매(strategic selling), 데이터베이스 토론(discussion database), 접

---

22) 관점 창출은 공동체가 지식에 대한 영역(domain)과 실행(practice)을 개발하고 강화하는 것을 의미하고, 관점 획득은 특별 지식을 통합적으로 활용하거나 서로 다른 영역에 존재하는 전문가들의 지식작업에 대한 협업 프로세스(collaboration process)를 말한다.

촉 기록(contact recording) 등이다. 그룹웨어에서 이메일은 개인들이 서로 간에 원활한 통신을 하도록 유도하며, 그룹웨어의 전략적 판매는 다른 기능에 속한 구성원들이 자신의 관점(view)과 구조화된 방식으로 정보를 입력하여 다른 구성원들이 이를 공유하게 하여 성공적인 판매가 달성되도록 기여한다는 것이다.

또한, 데이터베이스 토론은 특정 이슈의 토론을 이끌고 이를 검토하도록 한다는 것이다. 마지막으로 접촉 기록은 직원들이 관점, 관심(interests), 특정 전문가의 요구사항(requirements of particular doctors) 등을 검토하고 기록할 수 있도록 해준다는 것이다. 이러한 그룹웨어의 기본적 사용 요소들을 통해 조직구성원들은 실행 공동체를 형성하고 사회-정치적 관점에서 상황학습(learning as being situated), 완전참여(full participation), 주변참여(peripheral participation), 합법참여(legitimate participation)를 보인다고 주장하고 있다.23) 이들은 이러한 조직구성원들의 여러 형태의 참여를 통해 조직이 의도한 지식 작업의 효율성을 기할 수 있어 지식경영을 달성한다고 주장하고 있다.

Dennis and Wheeler[1997]도 그룹웨어에 대한 사례연구를 수행하였는데, 특히 웹과 연동되는 웹그룹웨어에 대한 연구였다.

---

23) 상황학습(learning as being situated)은 사회적 실행(social practice)의 통합(integrated) 또는 비분리성(inseparable)에 대한 학습이며, 완전참여(full participation)는 초보자 또는 학습자들이 공동체 구성원으로서 참여하여 활동하도록 그들의 능력을 배양시켜 주는 것을 말한다. 주변참여(peripheral participation)는 공동체 구성원으로서 얻게 된 접근의 허용으로 인해 정보원천의 이해와 실행 공동체에 참여하거나 관찰하는 것을 의미한다. 마지막으로 합법참여(legitimate participation)는 참여자들에게 공동체에 규범적으로 참여하도록 허용, 제한, 금지하는 것을 말한다.

이들의 연구초점은 조직이 웹그룹웨어를 통해 어떠한 장·단점을 취하고 있는가와 웹그룹웨어가 어떠한 역할을 하는가에 대해 <그림 13>과 같이 웹그룹웨어 프레임워크를 개발하고 100개의 조직들을 대상으로 하여 이를 분석하였다. 웹그룹웨어의 가장 큰 장점은 언제 어디서나 상호작용(any-time-any-place interaction) 효과가 큰 것으로 나타나 조직구성원들이 웹그룹웨어를 통해 장소와 시간에 상관없이 정보접근의 용이성을 제공받는 것으로 드러났다. 그리고 당시에 웹그룹웨어의 가장 큰 단점은 네트워크 기술의 문제로 속도와 신뢰성에서 문제가 발생한다고 조사되었다.

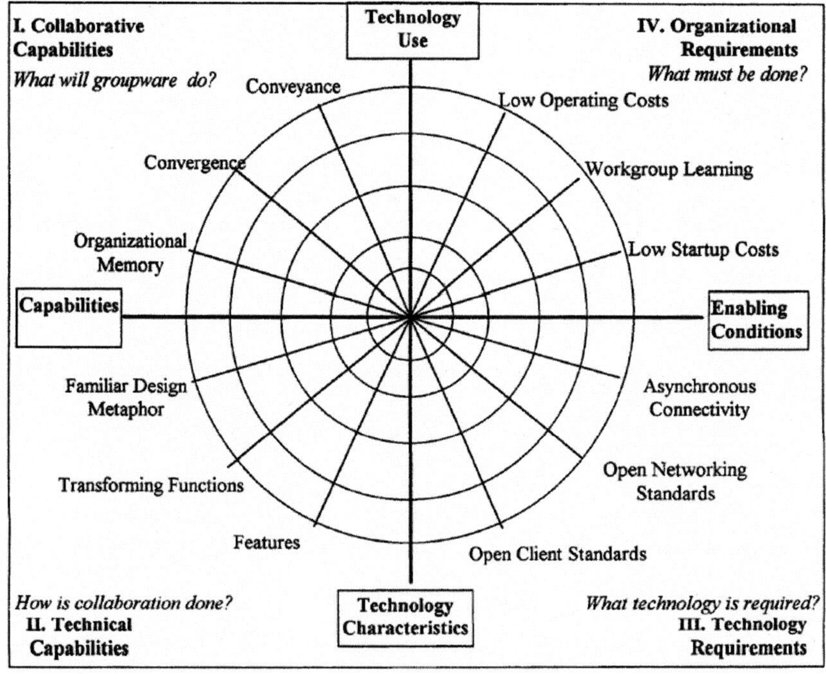

<그림 13> Dennis and Wheeler[1997]의 웹그룹웨어 분석 프레임워크

또한 Dennis and Wheeler는 조직들이 <그림 13>과 같이 웹그룹 웨어를 협업 능력, 기술적 능력, 기술 요구사항, 조직 요구사항들로 활용되고 있다고 주장하였다. 세부적으로 협업 능력은 웹그룹웨어가 어떤 일을 하는가에 대한 것으로 전달(conveyance), 수렴(convergence), 조직기억(organizational memory)을 달성한다는 것이다. 전달은 개인들이 고유하게 소유하고 있는 정보를 다른 개인들이 이용, 이해, 해석하여 정보를 교환하는 것을 의미한다. 그리고 수렴은 개인들 간의 공유된 의미 개발(development of shared meaning)을 말하며, 조직기억(organizational memory)은 장기간에 걸친 개인들의 상호작용을 검색하고 저장하기 위한 조직화된 장소(organized place)를 의미한다.

기술적 능력에서는 친숙한 설계 은유(familar design metaphor), 전송기능들(transforming functions), 특징들(features) 등이다. 친숙한 설계 은유는 폴더, 문서, 개요와 인텍스 카드(index card)와 같은 것들로 친숙한 설계 은유가 증대될수록 사용자들의 제품 기능과 특징에 대한 접근성이 향상된다. 전송기능들은 데이터를 한 형태에서 다른 형태로 변화시켜 데이터에 의미를 부여해주는 것을 의미하고, 특징들은 다양한 기능들을 실행하는 능력을 말한다.

웹그룹웨어에서 기술 요구사항들은 일반적이고 가용한 브라우저의 사용으로 도달률(reach)을 증대시키기 위한 개방 클라이언트 표준들(open client standards)과 개방 네트워킹 표준들(open networking standards)의 채택, 개인들의 이동성을 보장하기 위한 비동기 연결(asynchronous connectivity) 등이다. 또한, 조직

요구사항들은 클라이언트들에게 기존의 브라우저를 사용하도록
하여 초기 비용의 감소(low startup costs)와 전자 매체를 통한
효과적인 협업을 통해 작업그룹의 학습(workgroup learning)을
지원하고, 비전용(nonproprietary) 클라이언트/서버의 사용을 통
한 운영상에 발생하는 추가 비용의 감소를 통해 운영비용의 절
감(low operating costs)을 달성하는 것을 포함한다.

Dennis and Wheeler는 이러한 웹그룹웨어의 협업 능력, 기술
적 능력, 기술 요구사항, 조직 요구사항 등의 네 가지 관점들은
조직마다 그 중요도에서 다르게 나타나며, 조직들은 웹그룹웨어
를 통해 가상조직(virtual organizations)으로 나아갈 수 있고 그
룹들의 작업성과는 향상될 것으로 전망하였다. 결과적으로 KMS
이용에 관한 기존의 연구들을 사용자 행동 관점에서 정리하면,
개인들은 그룹웨어의 이용에 대해 유용성을 지각하고 정보 주목
과 통합하려는 의도가 높다고 할 수 있다. 또한, 개인들은 의사
결정 질의 향상, 공동체에 참여, 협업, 정보교환 등을 달성하고
있음을 파악해 볼 수 있었다. 그리고 이러한 주요 요인들은 개인
뿐만 아니라 그룹 및 조직과도 연계되어 함께 논의되고 있음을
기존 연구들을 통해 파악해 볼 수 있다.

제3절 사용자의 지식경영시스템 수용에 영향을
미치는 요인 식별

본 절에서는 지식경영시스템을 사용자가 수용할 때 영향을 줄 수 있는 요인들을 과거 연구들 및 준 탐색적(semi-exploratory) 연구를 근거로 서술한다.24) 사용자의 정보시스템 수용에 일반적으로 영향을 줄 수 있는 요인들은 서론에서도 일부 논의되었듯이 TAM과 TAM2의 이용 의도 및 실제 이용에 영향을 주는 선행 요인들이라 할 수 있다. 이는 유용성, 용이성, 자발성, 직무관련성, 이미지, 결과 품질, 주관적 규범, 결과실연성 등의 요인들이다.

---

24) Alavi and Leidner[2001]에 의하면 지식경영시스템은 지식프로세스를 지원하는 정보시스템으로 개념화되고 있어 일반 정보시스템의 한 부류로 간주되고 있다. 이에 본 절에서는 기존 연구들을 통해 일반적으로 고려될 수 있는 정보시스템에 대한 사용자 수용 요인들은 무엇인가를 알아보고, 지식경영시스템 영역 내에서 사용자들에게 중시될 수 있는 요인들은 어떠한가를 현업의 사용자들을 대상으로 주요 요인들을 탐색한 결과들을 함께 살펴본다. 현업에서 지식경영시스템을 실제로 이용하는 사용자들을 대상으로 세 개 조직의 KMS를 이용하는 사용자 4명을 대상으로 2002년 7월 중에 전화인터뷰를 실시하여 이를 표에 반영하였다. 이들이 KMS를 이용하는 주요 동인은 KMS 이용에 대해 조직에서 보상과 같은 유인가의 제공으로 인해 KMS 이용에 대한 가치를 지각하였고, 업무와 관련하여 문제 발생시에 관련 정보를 검색하여 자신의 업무를 해결하기 위해 KMS 이용에 대한 필요성을 느끼는 것으로 나타났다. 즉 이들은 지식(혹은 정보) 창고로서 KMS에 대한 가치를 높게 지각하고 있었다. 이러한 인터뷰 결과로부터 사용자의 KMS 수용에 주요하게 영향을 주는 요인들을 정리하면, 외재적 동기 요인인 보상(incentive/reward), 업무(직무)관련성, 유용성, 가치 요인들이 KMS 수용에 주요하게 영향을 준다고 할 수 있다.

이들의 일부를 <표 6>에 보였고, 현실세계에 있는 KMS 사용
자들과 전화인터뷰 결과에서 나타난 KMS 수용에 영향을 줄 수
있는 요인도 함께 나타내었다. 그리고 표에 나타내지 않았으나
추가적으로 KMS의 사용자 수용에서 중시될 수 있는 요인들로
접근성(accessibility), 자기효능, KMS 이용으로부터 산출된 정
보 및 결과 품질 요인, KMS에서 사용자가 지각한 가치 요인들
이 추가되어 제3장의 연구 모형에 나타내고 그 근거를 연구 가
설에서 구체적으로 언급하였다.

<표 6>에 나타낸 신념, 감정, 사회적 영향, 혁신, 직무 관련,
보상 요인들에 대해 논리적 근거를 순서대로 논의하면, 신념 요
인은 Davis[1989]의 TAM 모델에서 두 변수인 지각된 유용성과
용이성의 신념 변수들이 대표적이라 할 수 있다. 하지만, Davis
는 Fishbein and Ajzen[1975]의 태도이론에서 태도에 주요하게
영향을 주는 또 다른 요인인 감정 요인을 고려하지 않고 있다.

이러한 감정 요인에 대해 Davis, Bagozzi, and Warshaw[1989]
는 단지 태도에 포함시켜 사용자들이 감정적으로 정보기술에 대해
호감/비호감을 느낄 것으로 기대하였다. 이렇게 신념과 감정 요인
을 구분하지 않고 진행된 연구들은 기존 MIS 연구들에서도 나타
나는데, 대부분의 경우 감정 요인을 태도에 포함시켜 연구하여 왔
다[Goodhue, 1988; Lucas, 1978; Schultz and Slevin, 1975]. 이에
Thompson, Higgins, and Howell[1991]은 신념과 감정 요인을 구
분시킬 필요성을 제기하였다. 이들은 Triandis[1980]의 태도이론을
근간으로 하여 흥미(interesting), 재미(fun), 승인(okay) 등의 항

목들로 구성된 정서(affect) 변수가 PC 이용과 상관관계가 있을 것
으로 가정하여 실증 분석하였다.

<표 6> 사용자의 지식경영시스템 수용에 영향을 미치는 요인들

요인 유형	구성개념	연구자들
신념 요인	지각된 유용성*	Adams, Nelson, and Todd[1992], Agarwal and Prasad [1999], Agarwal and Karahanna[2000], Chau, Au, and Tam[2000], Davis, Bagozzi, and Warshaw[19992], Gefen and Straub[1997], Igbaria et al.[1997], Jackson, Chow, and Leitch[1997], Mathieson[1991], Straub, Limayem, and Karahanna-Evaristo[1995], Straub, Keil, and Brenner [1997], Szajna[1996], Plouffe, Hulland, and Vanden-bosch[2001], Taylor and Todd[1995], Venkatesh[1999], Venkatesh and Davis[1996], Venkatesh and Davis[2000], Venkatesh and Morris[2000].
	지각된 용이성	
감정 요인	정서	Compeau and Higgins[1995], Compeau, Higgins, and Huff[1999], Davis, Bagozzi, and Warshaw[1992], Malone [1981], Thompson, Higgins, and Howell[1991], Venkatesh [1999], Venkatesh[2000], Venkatesh[2001].
	즐거움	
	두려움	
사회적 영향 요인	주관적 규범	Ajzen[1985; 1988; 1991], Davis, Bagozzi, and Warshaw [1989], Karahanna, Straub, and Chervany[1999], Mathie-son[1991], Taylor and Todd[1995], Igbaria et al.[1997], Schiffman, Meile, and Igbaria[1992], Fisher, Lind, and Zmud[1989], Baroudi, Olson, and Ives[1986], Igbaria, Guimaraes, and Davis[1995], Venkatesh[2000], 양희동 · 최인영[2001].
	가시성	
혁신 확산 요인	결과실연성	Agarwal and Prasad[1997], Agarwal and Prasad[1998], Moore and Benbasat[1991], Karahanna, Straub, and Chervany[1999], Parthasarathy and Bhattacherjee[1998].
	자발성	
	이미지	
직무 관련 요인*		Dennis, Wixom, and Vandenberg[2001], Leonard-Barton and Deschamps[1988], Hartwick and Barki[1994], Goodhue[1995], Vessey[1991], Venkatesh and Davis[2000].
보상 요인*		Straub and Karahanna[1998], Nair and Ramnarayan[2000].

* 본 연구의 전화인터뷰 결과를 기초로 KMS의 사용자 수용과 주요하게 관
계되는 요인들임.

그러나 분석결과 정서 요인과 PC 이용 간의 관련성은 유의하지 않은 것으로 나타났다. 이들은 이러한 결과에 대해 사용자들은 정보기술을 감정적 차원으로 보지 않고 단지 유용한 도구로 인지하는 것으로 해석하였다. 또한 이들은 감정 요인과 정보기술 이용이 직접적인 인과관계를 갖지 못하지만, 매개적 요인에 의해 간접적인 영향관계가 있을 수 있다고 주장하였다. 그런데, Compeau and Higgins[1995]와 자기효능을 중심으로 이들의 연구를 반복한 Compeau, Higgins, and Huff[1999]의 연구에서는 Thompson, Higgins, and Howell[1991]의 연구와 다르게 컴퓨터 자기효능(computer self-efficacy)이 정서, 두려움(anxiety), 컴퓨터 이용과 직접적으로 유의한 관계가 있음을 검증하였다.25)

---

25) self-efficacy는 심리학 분야에서 자주 거론되는 개념으로, Bandura[1977]는 self-efficacy를 "개인이 주어진 과제를 성공적으로 수행할 수 있다는 가능성에 대한 신념"으로 정의하고 있다. 통상적으로 이 self-efficacy는 개인이 주어진 과제를 자신 있게 처리할 수 있다는 "자신감"이라는 의미로 통한다. 이렇게 자신감이라는 개념으로 이용되는 self-efficacy에 대한 국내의 한글 번역은 크게 세 가지 경향을 보이고 있다. efficacy에 대한 국내의 사전적 번역이 효험, 효력, 유효 등으로 표현된 것을 그대로 하여 "자기효험"이라고 표현한 경우도 있으며[박순창 외 2인, 2000], 통상적인 self-efficacy의 의미대로 "자신감"으로 표현한 연구도 있다[백은희, 1991]. 그러나 심리학 및 교육학 분야에서는 대부분 self-efficacy를 "자기효능(감)"으로 표현하고 있다[이종삼, 1995; 이영만, 2000]. 이러한 경향으로 볼 때 self-efficacy에 대한 한글 표현은 다양하나, 심리학 및 교육학 분야에서는 이를 "자기효능(감)"으로 표현하기로 합의한 것으로 판단하여 본 연구에서도 "자기효능"으로 일관되게 사용한다. 또한, 컴퓨터 자기효능은 "컴퓨터를 이용하기 위한 개인의 능력 판단(a judgment of one's ability to use a computer)"으로 정의되고 있다[Compeau and Higgins, 1995]. 여기서 판단은 미래 지향적인 것으로 과거에 개인들이 컴퓨터를 이용했던 지각보다 미래에도 컴퓨터를 이용하려는 개인의 능력에 대한 지각을 의미한다.

특히, 정서 요인은 이들 연구 모두에서 컴퓨터 이용과 직접적인 인과관계가 있는 것으로 나타났다. Compeau and Higgins[1995]는 Thompson, Higgins, and Howell[1991]의 연구에서 사용된 정서 요인이 컴퓨터 이용과 유의하지 않은 결과에 대해 측정에 문제가 있을 수 있음을 지적하고, 호감(liking)을 중심으로 새로운 측정항목들을 개발하였다. 또한, 이들은 감정을 구성하는 정서 변수는 사회인지이론(social cognitive theory)과 행동이론에서 개인행동과 밀접한 관계가 있어 MIS 연구자들에게 감정 요인에 대한 연구가 미래에도 지속되기를 희망하였다.

그러나 기존의 TAM 연구들에서 감정 요인이 완전히 배제되었다고 단언할 수 없는데, 몇몇 연구들에서는 감정과 관련된 변수들을 내재적 동기(intrinsic motivation) 요인으로 고려하여 TAM과의 관련성을 검증하여 왔다[Davis, Bagozzi, and Warshaw, 1992; Venkatesh, 1999; Venkatesh, 2000; Venkatesh, 2001].26) 내재적

---

26) 소비자 행동이론에서 감정(feeling)에 대한 측정은 어떤 대상에 대해 소비자들이 어떻게 느끼고 있는 가로 측정되고 있다. 개인이 느끼는 감정에 대한 항목들은 상당수에 이르는데, 65개의 항목들을 Edell and Burke[1987]은 경쾌한(upbeat), 부정적(negative), 따뜻한(warm) 요인으로 분류하였다. 경쾌한 요인은 대표적으로 즐거운(amused), 놀이적(playful), 흥미로운(interested), 만족스러운(satisfied), 기쁘게 하는(delighted), 흥분된(excited), 매력(attractive) 등의 32개 항목들이 있으며, 부정적 요인은 나쁜(bad), 우울해지는(depressed), 후회스러운(regretful), 흥미롭지 않은(disinterested) 등의 20개 항목들이다. 따뜻한 요인은 감동적(emotional), 고요한(calm), 희망적(hopeful), 평화로운(peaceful) 등의 13개 항목들이다. 이러한 감정 변수들을 바탕으로 개인들은 대상에 대해 긍정적/부정적 감정을 느껴 호감/비호감의 태도를 형성하고 이를 미래 행동과 관련시키고 있는 것이다[Westbrook, 1987]. TAM 연구에서 사용된 내재적 동기 요인들은 즐거움(enjoyment), 놀이성(playfulness), 두려움(anxiety) 등이 대표적이다. 특히, Venkatesh[2000]의 지각된 용이성에 영향을 주는 결정 요인들은

동기는 보상을 주고 정보기술을 강제적으로 이용하도록 권장하는 외재적 동기(extrinsic motivation) 요인들과 달리 사용자들이 자발적으로 정보기술을 이용하도록 그 동인을 제공한다.

내재적 동기 요인들의 역할은 사용자들이 시스템 자체에 즐거움과 만족감을 얻을 경우 사용자들이 시스템에 친숙해져 자연스럽게 정보기술을 이용하도록 유도하는 기능을 한다. 이에 내재적 동기는 외재적 동기 요인보다 이용 의도와 실제 이용에 더 큰 영향력을 미칠 수 있다. 그간 MIS 연구들에서 논의된 감정 요인들로 고려해 볼 수 있는 변수들을 정리하면 정서, 즐거움, 놀이성, 두려움 변수들이 기존 연구들에서 거론되었다[Compeau and Higgins, 1995; Compeau, Higgins, and Huff, 1999; Davis, Bagozzi, and Warshaw, 1992; Malone, 1981; Thompson, Higgins, and Howell, 1991; Venkatesh, 2000; Venkatesh, 2001].[27]

또한, 사회적 영향 요인에 대해 양희동과 최인영[2001]은 그 개념화와 조작화에서 주관적 규범(subjective norm), 혁신확신이

대부분 이들 변수들이다. 흥미로운 것은 즐거움과 놀이성은 Edell and Burke[1987]의 세 가지 감정 요인들 중 경쾌한 요인과 동일한 의미를 갖으며, 두려움은 부정적 요인과 유사하다고 할 수 있다. 이 연구에서는 감정 요인에 TAM 연구에서 나타난 내재적 동기 요인 및 기타 연구들에서 사용된 감정 요인들을 포함시켜 TAM과의 관련성을 분석하려 한다.

27) 본 연구에서 일부 주요 변수들에 대해 2002. 5월 중에 pilot test가 실시되었다. TAM의 주요 변수들과 혁신, 감정, 촉진, 자발성 요인 등에 대해 대학생들을 대상으로 세 차례(3차: 47명)에 걸쳐 이루어졌다. 감정 요인을 제외하고 다른 변수들의 신뢰성은 0.6 이상을 보였으나, 감정 요인들 중 정서, 즐거움, 놀이성, 두려움에서 신뢰성 분석 결과 놀이성은 0.5390으로 나타났고, 1차, 2차, 3차에 걸쳐 일관적이지 않아 이 요인을 제외하기로 한다.

론에서 논의된 이미지(image)와 가시성(visibility)으로 구성된 개념으로 TAM과의 관련성을 검증하였다. 이 연구 결과는 두 가지 정보기술(스프레드쉬트와 인터넷) 유형에서 TAM의 두 신념 변수에 사회적 영향 요인이 모두 유의한 결과가 있음을 분석하였다. 구성 개념에서 주관적 규범은 그간 TAM 연구들에서 유의하거나 유의하지 않은 결과들을 보여 일관되지 않은 결과들을 산출하였다. 하지만, TAM2 연구에서 주관적 규범을 중요한 요인으로 간주하여 TAM과의 관련성을 재검증하여 유의한 결과를 산출하였는데, 이 연구에서도 주관적 규범 변수를 사용하려 한다. 그런데, TAM2 연구에서는 주관적 규범이 이미지와 상관관계가 있는 것으로 검증되어 본 연구에서는 사회적 영향 요인을 구성하는 개념으로 주관적 규범과 가시성 변수를 함께 고려한다.

혁신 요인은 Rogers[1983]가 주장한 다섯 가지 요인들 중 상대적 이점과 복잡성을 제외하고 기존의 혁신확산에 대한 연구들에서 호환성, 시도성, 가시성, 이미지, 자발성, 결과실연성 요인들이 사용자의 정보기술 이용 의도 및 이용과 상관관계가 있는 것으로 나타났다. 여기서 흥미로운 발견은 이들 혁신확산연구들에서 사용된 변수들이 TAM2에서 대부분 차용되었다는 점이다. 즉, 호환성, 가시성, 이미지, 자발성, 결과실연성 요인들이 TAM2에서 나타나고 있다. 먼저, 호환성(compatibility)은 TAM2의 직무관련성과 유사한데, 이는 "사용자 직무와 기술 간의 부합 정도"와 "사용자가 일하고 싶은 방식과 기술 간의 적절성"으로 측정되고 있어 직무관련성 요인과 유사하다고 할 수 있다. 이러한 직무관련성은 본 연구의 전화인터뷰 결과를 토대로 KMS 영역 내에서 주요할 것으로 보여

<표 6>에 나타내었다.

또한, 가시성은 "주변인들에 의해 혁신기술이 이용되어 보여지는 정도"를 의미하는 바 이는 TAM2의 사회적 영향 요인들 중 주관적 규범 요인과 유사하다고 할 수 있다. 그러나 이 연구에서는 양희동·최인영[2001]의 연구를 근거로 사회적 영향 요인을 구성하는 하위 개념으로 고려한다. 또한, 혁신기술이 사용자에 의해 수용되기 이전에 사용자들이 이를 시범적으로 시도(try)하거나 실험(experiment)할 수 있음을 의미하는 시도성(trialability)은 TAM2에서 차용되지 않았는데, 이는 아마도 시스템 구현 이전부터 사용자들의 시도성을 측정한다는 것이 쉽지 않았기 때문으로 판단된다. 이에 본 연구에서는 혁신확산이론에서 논의되고 TAM2에서 차용한 요인들을 고려하여 이미지, 자발성, 결과실연성 요인들이 TAM과 관련성을 가질 것으로 기대하였다.

마지막으로 보상 요인은 현재 KMS를 운영하는 조직들에게 두드러지게 나타나는 현상으로 내부 조직구성원들이 고유하게 가진 암묵지식(implicit knowledge)을 KMS에 제공한 경우 조직은 이들에게 금전적인 보상을 주어 다른 구성원들도 지식 공여의 동인을 주고 있는 상황이다. 즉, 보상 요인은 조직에서 사용자들에게 지식경영시스템을 활용하도록 유인하는 외재적 동기요인이며 이를 통해 사용자들은 KMS에 대해 가치를 지각할 것으로 판단된다.

제3장 연구 설계와 방법

본 장은 사용자의 KMS 수용과 관련하여 TAM을 확장하여 본 연구의 모형을 설계하고 이에 따른 연구 가설 및 연구 방법을 서술하였다. 제1절은 본 연구의 모형을 설계하였으며, 이에 대한 배경을 간략히 설명하였다. 제2절에서 연구 모형에 나타낸 가설들에 대한 논리적인 근거를 세부적으로 논의하였다. 그리고 제3절은 연구 모형 및 가설 등을 검증하기 위한 방법들을 거론한 부분으로 이 연구의 대상표본과 자료수집 절차, 측정 변수와 분석방법 등을 언급하였다.

제1절 연구 모형

본 연구의 모형은 <그림 14>와 같다. 기존 연구들과 본 연구의 탐색적 조사를 기초로 하여 외부 변수들을 추가하여 TAM 모형을 확장하였다.[28] 본 모형의 외부 변수들과 TAM과의 관련

---

[28] 본 연구의 모형은 TAM을 근간으로 하여 유용성, 용이성, 이용 의도, 실제 이용(시스템의 매일 이용 시간) 중에서 실제 이용 변수를 생략하였는데, 그 이유는 두 가지이다. 첫째, 횡단적 연구에서 이용 의도와 실제 이용은 의미상으로 시점이 다른 변수들로 이용 의도는 사용자들이 미래에도 시스템을 이용하려는 의지를 나타내어 미래 지향적이나, 실제 이용은 대부분의 TAM 연구들에서 현재 이용으로 측정되고 있어 본 연구에서는 이들 간의 관련성에서 문제가 있는 것으로 고려하여 실제 이용 변수를 생략하였다. 두 번째로는 일부 연구자들에 의해 실제 이용의 측정

성을 간략히 소개하면, 감정 요인은 KMS에서 사용자가 지각하는 감정이 호의적일수록 사용자들은 용이성과 이용 의도에 긍정적인 관계가 있을 것으로 예상하여 이를 모형화 하였다.[29]

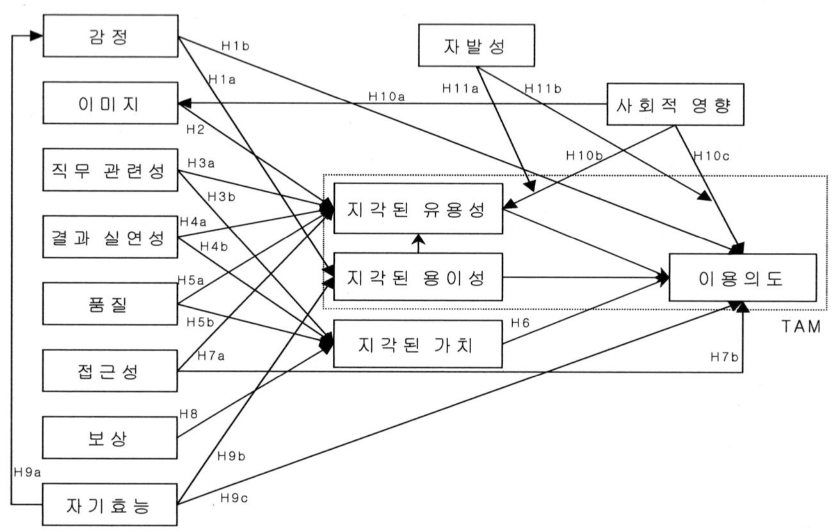

<그림 14> 연구 모형

에서 사용자들에 의한 자체보고가 측정상의 문제가 있는 것으로 제기되고 있다는 점이다[Straub, Limayem, and Karahann-Evaristo, 1995; Szajna, 1996]. 즉, 이용 의도와 실제 이용 간의 관계는 미미하거나 인과적 관계에서 미약한 연구 결과를 보여 주고 있어 실제 이용을 제거하여 본 연구에서는 이용 의도를 최종 종속 변수로 고려하였다. 또한, 연구 모형은 기존 연구들을 근간으로 하여 초기에 감정 요인들을 세부적으로 "정서와 즐거움"을 별개로 간주하였으나, 이 연구의 요인분석 결과에서 이들은 한 개념으로 묶여 사용자들은 정서와 즐거움 요인을 동일한 것으로 인지하는 것으로 판단하여 이들 요인들을 시스템에 대한 사용자의 "선호(preference)"라는 변수로 새롭게 명명하고, 연구 가설 부분에서부터 이를 반영하였다(4.2.2절의 <표 10> 요인분석 결과 참조).

29) 과거의 문헌들에서 정서와 즐거움 변수는 지각된 용이성과 이용 의도에 정(+)의 영향을 주며, 컴퓨터에 대한 두려움(anxiety) 변수는 지각된 용이성과 이용 의도에 부(−)의 상관관계를 갖는 것으로 검증되어 왔다[Compeau and Higgins, 1995; Compeau, Higgins, and Huff, 1999; Venkatesh, 2000].

그리고 TAM2에서 이미 검증된 이미지, 사회적 영향(주관적 규범), 유용성과의 관련성을 본 연구 모형에 나타내었다. 직무관련성, 결과실연성은 유용성과 상관관계가 있는 것으로 TAM2에서 확인되었다. 특히, 직무관련성은 GSS 연구들에서 논의된 과업－시스템 간의 적합을 의미한다. Dennis, Wixom, and Vandenberg[2001]는 과업－시스템 간 적합이 개인의 성과에 영향을 준다는 연구 결과를 산출하였는데, 이러한 개인의 성과는 개인의 효율성, 효과성, 생산성 등의 항목으로 구성되어 TAM의 유용성과 유사한 개념으로 고려해 볼 수 있다. 또한, 직무관련성과 결과실연성이 지각된 가치에 영향을 줄 것으로 기대하여 본 모형에 표현하였다. 즉, 사용자들이 KMS를 이용하는 것이 자신의 업무와 관련이 높고 그 결과가 명료하다면 사용자들은 가치를 지각할 것으로 예상하였다.

정보와 결과 품질로 구성된 품질 요인이 유용성 및 지각된 가치와 상관관계가 있는 것으로 모형에 표시하였는데, 이미 결과 품질은 TAM2에서 유용성과 상관관계가 있는 것으로 검증되어 이를 모형에 반영하였다. 정보 품질이 추가된 이유는 KMS가 산출하는 정보(혹은 지식) 품질은 사용자들에게 중요하게 고려될 것으로 기대되었기 때문이다. Kraemer et al[1993]에 의해 정보 품질은 유용성과 관련성이 있는 것으로 나타나 이를 본 모형에 나타내었다. 그리고 사용자들이 정보와 결과 품질이 높다고 인식할수록 사용자들은 KMS에 대한 가치를 높게 느낄 것으로 판단되어 품질과 지각된 가치 간에 상관관계가 있는 것으로 설정하였다. 지각된 가치 요인은 마케팅 연구들에서 소비자 구매의도와 관련성이 있는 것으로 검증됨에 따라 본 연구에서는 사용자의 이용 의도와 관계될 것으로 고려하였다.

접근성은 사용자가 내·외부 통신망을 통해 KMS에 접근하거나 사용자가 원하고 가용한 정보를 제공받을 수 있음을 의미한다. KMS에 대한 접근성이 용이한 경우 사용자들은 유용성을 지각할 것으로 기대하여 본 연구 모형에 보였고, TPB이론을 근간으로 Mathieson[1990]에 의해 접근성이 이용 의도에 영향을 준다는 연구 결과를 바탕으로 이를 모형에 표시하였다. 또한, 조직에서 KMS를 적극적으로 이용하도록 제공한 보상이 사용자들의 KMS에 대한 가치를 높게 지각할 것으로 기대하여 이를 모형에 나타내었다.

자기효능 요인은 과거 MIS 연구들에서 사용자의 정보기술 이용과 밀접한 상관관계가 있는 것으로 다루어졌다. 자기효능에 대한 연구는 이미 제2장의 제3절에서 논의한대로 Compeau and Higgins[1995]의 컴퓨터에 대한 자기효능에 관한 연구가 대표적인데, 이들의 연구 결과는 자기효능이 정서, 두려움, 컴퓨터 이용에 유의한 상관관계가 있는 것으로 검증되어 본 연구에서도 자기효능이 감정, 지각된 용이성, 이용 의도와 상관관계를 가질 것으로 설정하였다. 또한, TAM2에서 자발성이 사회적 영향(주관적 규범)과 이용 의도 간의 관계에서 조절적 영향 변수로 고려되어 검증되었다. 본 연구에서도 이를 차용하였으며 추가적으로 자발성이 사회적 영향과 유용성 간에도 조절적 영향을 줄 것으로 판단하여 본 모형에 나타내었다.

제2절 연구 가설

3.2.1 감정, 지각된 용이성, 이용 의도 간의 가설

배경이론에서 논의했듯이 Fishbein and Ajzen[1975]과 Triandis [1980]의 태도이론에서 태도에 영향을 주는 대표적인 두 가지 요인으로 신념과 감정이 주요하게 영향을 주고 있음을 살펴보았다. 실제로 개인들은 자신들이 좋아하는 것에 긍정적 감정을 느끼며 행동으로 표출시킨다. 예를 들어, 개인이 TV를 선호한다는 것은 좋아하는 감정에 기반을 두고 있는 것이다[Bandura, 1986]. 소비자 행동이론에서도 감정은 태도와 행동 의도에 영향을 주는 요인으로 그 중요성이 강조되고 있다. 특히, 제품을 광고하는 대상에 대한 감정은 호감/비호감으로 나타나 태도를 형성하며, 구매한 제품을 소비하는 과정에서도 소비자들은 그 제품에 대해서 긍정/부정적 감정을 느끼고 미래 행동에 영향을 주고 있는 것이다[Holbrook and Hirschman, 1982; Mano and Oliver, 1993; Engel, Blackwell, and Miniard, 1986].

그런데, 정보기술수용에서 이러한 감정 요인들은 내재적 동기 요인으로 종종 연구되어 왔다. 동기이론에서 이 내재적 동기 요인들의 역할은 개인이 자발적으로 업무에서 즐거움과 만족감을 느껴 그 업무를 기꺼이 수행하는 것으로 알려져 있다. 이렇게 대상에 대한 즐거움, 만족감 등의 내재적 동기 변수들은 긍정적 감정 변수들과 유사한 측면을 갖고 있다.

Davis, Bagozzi, and Warshaw[1992]는 정보기술에서 즐거움 요인이 이용 의도에 유의한 것으로 검증하였다. Venkatesh[1999]도 즐거움 요인이 있어야 정보기술에 대한 사용자들의 이용 훈련은 더 효과적임을 검증하였고, 정보기술에 대한 유용성보다 용이성을 더 지각하는 것으로 확인하였다. Venkatesh and Brown[2001]은 내재적 동기 요인이라 할 수 있는 쾌락적 결과(hedonic outcomes: 기쁨, 오락성, 놀이성, 즐거움 등)에 의해 정보기술 채택자들이 비채택자들보다 더 영향을 받고 있음을 분석하였다.

정보기술 이용과 감정 요인을 구성하는 정서 변수와 직접적인 인과관계가 있음을 검증한 Compeau and Higgins[1995]는 컴퓨터 자기효능이 정서에 영향을 주고 컴퓨터에 대한 긍정적 호감이 컴퓨터 이용과 직접적으로 유의한 관계가 있는 것으로 분석하였다. 또한, Compeau, Higgins, and Huff[1999]의 연구에서도 자기효능은 정서와 정(+)의 상관관계를 두려움과는 부(−)의 영향이 있음을 분석하였고, 이들 정서와 두려움 요인은 컴퓨터 이용에도 정(+)과 부(−)의 상관관계를 가졌다. Venkatesh[2000]의 연구에서도 컴퓨터 두려움은 지각된 용이성에 부(−)의 영향을 주고 있다는 결과를 얻었다.

이와 같이 기존 연구들에서 정서와 즐거움을 다른 것으로 인지하고 있으나, 본 연구에서는 사용자의 시스템 이용에 대한 긍정적 감정 상태로 간주하여 두 변수를 한 요인으로 고려하여 시스템에 대한 "선호"로 조작화 한다. 이에 본 연구는 사용자의 KMS에 대한 선호, 두려움 변수들로 구성된 감정 요인이 지각된 용이성, 이용 의도에 정(＋)/부(－)의 영향을 줄 것으로 기대하여 H1a, H1b의 세부가설들에 이를 표현하였다.

H1a: 사용자의 KMS에 대한 감정은 지각된 용이성에 영향을 줄 것이다.

H1a-1: 사용자의 KMS에 대한 선호는 지각된 용이성에 정(＋)의 영향을 줄 것이다.

H1a-2: 사용자의 KMS에 대한 두려움은 지각된 용이성에 부(－)의 영향을 줄 것이다.

H1b: 사용자의 KMS에 대한 감정은 이용 의도에 영향을 줄 것이다.

H1b-1: 사용자의 KMS에 대한 선호는 이용 의도에 정(＋)의 영향을 줄 것이다.

H1b-2: 사용자의 KMS에 대한 두려움은 이용 의도에 부(－)의 영향을 줄 것이다.

3.2.2 이미지, 지각된 유용성 간의 가설

혁신확산특성 요인들 중 이미지는 "혁신기술을 개인들이 이용함으로써 자신이 속한 집단 내에서 자신의 지위(status)를 향상시킨다고 인지하는 것"을 의미한다. 이러한 이미지는 그간 사용자의 정보기술 채택에서 유의하게 영향을 주는 요인으로 개인들은 정보기술을 이용함으로써 자신의 이미지를 증대시키는 것으로 입증되었다[Karahanna, Straub, and Chervany, 1999].

Venkatesh and Davis[2000]는 이러한 이미지 개념을 차용하여 준거집단(reference group) 내에서 개인들은 자신의 이미지를 향상시키고 이를 유지시키려 노력한다고 주장하였다. 즉 이들은 사용자가 정보기술을 이용함으로써 자신의 이미지가 향상될 수 있고, 이는 해당 정보기술에 대한 유용성을 지각할 것으로 판단하여 이미지가 해당 정보기술에 대한 지각된 유용성에 영향을 준다는 가설을 정립하고 이를 검증하였다. 이 연구에서도 KMS 관점에서 이들의 연구를 차용하여 이미지가 유용성에 영향을 준다는 가설 H2를 설정하였다.

H2: 이미지는 KMS에 대한 지각된 유용성에 정(+)의 영향을 줄 것이다.

3.2.3 직무관련성, 지각된 유용성, 지각된 가치 간의 가설

Venkatesh and Davis[2000]는 직무관련성을 "목표 시스템을 개인들이 자신의 업무에 응용하는 정도에 대한 개인의 지각"으로 정의하고, 사용자의 직무관련성과 관계하여 정보시스템이 사용자의 직무를 지원하는 능력을 정보시스템의 중요 기능 중의 하나로 보았다. 사용자들은 자신의 직무에 대해 타인들과 다른 지식체계를 갖고 있으며, 이러한 지식을 정보기술을 이용하여 실행하게 된다[Kieras and Polson, 1985; Polson, 1987].

기존의 사용자 기술수용에 대한 MIS 연구들에서 이러한 직무관련성과 유사한 요인들이 실증적으로 연구되어 왔는데, 이들은 직무-결정의 중요성(job-determined importance), 사용자 관여(involvement), 과업-기술 간 적합(task-technology fit)[30], 인지적 적합(cognitive fit) 등이다[Leonard-Barton and Deschamps, 1988; Hartwick and Barki, 1994; Goodhue, 1995; Vessey, 1991].

Venkatesh and Davis[2000]는 이 직무관련성이 직무 목표와 관련하여 정보기술이 이를 지원하거나 수행할 수 있는 능력은 정보기술의 지각된 유용성으로 해석될 수 있어 직무관련성이 지각된 유용성과 관계할 것으로 가정하여 이를 검증하였다. 이에 본 연구에서도 연구 가설 H3a를 설정하였다. 그리고 사용자들은

---

30) 최근의 GSS 연구 분야에서 과업-시스템 간 적합(Fit)에 관한 Dennis, Wixom, and Vandenberg[2001]의 FAM(Fit Appropriation Model)에서 과업-시스템 간 적합이 개인의 성과와 상관관계를 갖고 있음을 본 연구에서 거론하였다. 이러한 연구 결과는 현재 조직에 있는 사용자들이 자신들의 과업을 해결하기 위해 정보시스템에 크게 의존하고 있음을 단적으로 보여준 결과라 할 수 있다. 과업이 복잡하고 불확실한 경우에는 사용자들은 시스템에 더욱더 의존하려는 경향이 높아 과업-시스템 간 적합 이론은 유용하다고 할 수 있다. Venkatesh and Davis[2000]는 TAM2 연구에서 과업-시스템 간 적합을 직무관련성(job relevance)으로 통합하여 직무 목표와 관련하여 정보기술이 이를 지원하거나 수행할 수 있는 능력은 정보기술의 지각된 유용성과 관련될 것으로 보아 직무관련성이 지각된 유용성과 상관관계가 있음을 가정하고 이를 검증하였다

현재의 정보시스템이 자신의 직무와 관계하여 관련성이 높을 경우 그 시스템의 가치(이득 및 혜택)를 높게 지각할 것으로 기대하여 가설 H3b를 설정하였다.[31]

H3a: 직무관련성은 KMS에 대한 지각된 유용성에 정(+)의 영향을 줄 것이다.

H3b: 직무관련성은 KMS에 대한 지각된 가치에 정(+)의 영향을 줄 것이다.

3.2.4 결과실연성, 지각된 유용성, 지각된 가치 간의 가설

결과실연성은 "사용자가 혁신기술을 이용한 결과가 유형성(tangibility)을 갖는 것"을 의미한다. 이러한 결과실연성에 대해 Venkatesh and Davis[2000]는 TAM2에서 시스템이 내부적으로 아무리 효과적이라 해도 결과를 보여주지 못하면 사용자들은 유용성을 지각하지 못한다고 주장하고, 결과실연성은 한마디로 결과의 유형성이라 할 수 있어 지각된 유용성에 영향을 준다고 가정하고 이를 검증하였다.

또한, 결과실연성은 혁신채택의 연구들에서 이용 의도와도 관련성을 갖는 것으로 분석되어 왔다. 본 연구에서도 TAM2와 동일하

---

31) 본 연구에서 지각된 가치에 대한 조작적 정의는 기존의 여러 연구들을 근간으로 하여 교환관계(trade-off) 측면에서 정보기술에 대한 사용자의 지각된 가치를 "개인이 어떤 시스템을 이용하기 위해 투자(시간/노력)한 요소에 상응하여 개인이 얻는 이득(혜택/이익)"으로 조작화 한다.

게 H4a와 같이 결과실연성이 유용성에 영향을 준다는 가설을 설정하였으며, 사용자들이 결과실연성을 높게 지각할 경우 KMS에 대해 가치를 높게 지각할 것으로 기대하여 가설 H4b를 설정하였다.

H4a: 결과실연성은 KMS에 대한 지각된 유용성에 정(+)의 영향을 줄 것이다.

H4b: 결과실연성은 KMS에 대한 지각된 가치에 정(+)의 영향을 줄 것이다.

3.2.5 품질, 지각된 유용성, 지각된 가치, 이용 의도 간의 가설

정보시스템과 관련하여 품질에 대한 연구는 대표적으로 DeLone and McLean[1992]에 의해 정보시스템의 주요 성공 요인들 중의 일부로 시스템 품질과 정보 품질에 관한 연구가 있다. 이들은 180여 편의 과거 MIS 연구들을 검토하여 정보시스템의 주요 성공 요인들에 대해 조사하였는데, 이들은 시스템 품질(system quality), 정보 품질(information quality)이 사용자 만족(user satisfaction)과 이용(use)에 영향을 미치며 이들 요인이 개인 및 조직에게 영향을 준다는 IS 성공모델을 제시하였다. 이후에 이들의 모델은 Seddon[1997]에 의해 실증적으로 분석되어 각 요인들 간의 인과관계가 검증되었다.

또한 Davis, Bagozzi, and Warshaw[1992]와 Venkatesh and Davis[2000]는 TAM에서 결과 품질(output quality)에 관한 연구를 수행하였는데, 이는 사용자들이 자신의 과업을 수행하기 위해 정보시스템을 이용하여 산출한 결과물의 품질을 의미한다. 즉, 조직구성원들이 자신의 문제를 해결하기 위해 정보시스템을 이용한 경우 출력되어 나온 산출물들의 품질 수준을 말한다. 이들의 연구는 결과 품질이 TAM의 지각된 유용성과 상관관계가 있는 것으로 검증하였다.

그리고 정보기술의 가치에 대한 과거 연구들은 대부분 조직 차원에서 정보기술에 대한 투자가 조직에게 정량적(quantitative) 혹은 정성적(qualitative) 차원에서 이득으로 표출되는가에 초점을 두어 많은 연구들이 진행되어 왔다[Chan, 2000]. 이러한 연구들 중 대표적으로 Hitt and Brynjolfsson[1996]은 대부분의 조직들이 정보기술에 대한 투자를 증대하여 왔으나, 투자 대비 효과성에 의문을 제기하고 정보기술 투자는 "생산성 역설(productivity paradox)"이 발생한다고 주장하였다.

이들은 조직이 정보기술을 투자하여 얻게 되는 이득 차원을 크게 세 가지로 나누어 정보기술이 실제로 조직의 생산성(productivity)과 수익성(profitability)을 증대시키는가와 시장에서 고객에게 가치(value for customer)를 제공하는가를 검증하려 하였다.[32] 흥미롭게도 이들의 연구 결과는 정보기술 투자가 조직의 수익성과 관련

---

[32] 실제로 Hitt and Brynjolfsson은 IDG(International Data Group)의 2차 자료를 바탕으로 정보기술 투자와 생산성, 수익성, 고객 가치와의 관련성을 분석하였다.

이 없으며, 조직의 생산성과 고객 가치를 증대하여 이득을 제공하는 것으로 나타났다. 특히, 정보기술 투자가 고객 가치를 향상시키는 것에 주목하였는데, 이에 대한 해석은 조직 구성원들이 정보기술을 이용하여 자신의 과업을 효율적으로 처리하여 고품질의 제품과 서비스를 고객에게 제공하여 이들의 가치를 향상시킨다고 주장하였다.

또 다른 연구자들로 Davern and Kauffman[2000]의 정보기술 투자의 잠재적/실현된 가치에 관한 서술적 연구(descriptive study)에서 이들은 "가치의 위치(locus of value)"라는 개념을 소개하면서, 정보기술의 잠재적 가치(potential value)는 조직의 IT 전략과 기획을 기반으로 개인 사용자, 비즈니스 프로세스, 작업 그룹, 기업, 시장 등의 순으로 그 가치가 실현되어야 한다고 하였다. 즉, 이들의 연구는 조직 내부에 구현된 정보기술이 사용자들에게 가치를 제공하여야 비즈니스와 외부 시장에서도 그 가치를 인정받을 수 있음을 시사하였다.

그러나 MIS 분야에서 개인 수준에서 정보기술에 대한 지각된 가치에 대한 실증 연구들은 미흡하다고 할 수 있다. 개인의 가치(혹은 소비자 가치) 지각과 만족 및 이용(혹은 구매) 간의 연계 연구는 대부분 마케팅 연구들에서 수행되어 왔다. 개인의 가치와 관련된 마케팅 연구들에서 공통적인 발견은 소비자들이 제품과 서비스의 품질에서 가치(혹은 이익)를 지각할 경우 그 제품과 서비스에 만족하며 구매의도가 높고 구매에 이른다는 연구 결과들을 보여 왔다[Dodds, Monroe, and Grewal, 1991; Zeithaml, 1988].

이와 같이 마케팅의 연구들을 고찰하였을 때 정보시스템 연구에서 나타난 사용자 만족 이전에 이의 선행 요인들인 시스템, 정보, 결과 품질이 높을수록 사용자들은 가치를 지각하고 만족할 것으로 예상할 수 있으며 이용 의도 및 실제 이용도 높을 것으로 기대할 수 있다.[33] MIS 연구에서 이에 대한 실증 연구가 Burton, Leitch, and Tuttle[2001]에 의해 일부 검증되었다.

이들은 고품질의 정보를 산출하는 정보시스템은 사용자들에게 가치 있는 시스템으로 인지될 수 있으며,[34] 사용자들에게 경제적인 이익으로 작용할 수 있다고 주장하였다. 또한, 이들은 정보 품질이 높다고 인식한 사용자들은 정보시스템을 이용할 것이며, 고품질의 정보는 사용자들에게 더 나은 의사결정을 하도록 그 동인을 제공한다고 주장하였다. 그리고 이들은 정보시스템과 관련하여 의사결정자의 경제적 가치는 정보시스템이 제공하는 정보 가치 간에 정(+)의 상관관계를 가질 것으로 가정하였고, 60명의 학생들을 대상으로 실험을 통해 이를 검증하였다.

---

33) 그간 MIS 연구들에서 언급된 시스템/정보/결과 품질 등에 대해 본 연구는 세 가지 품질 요소를 모두 다루지 않고 정보와 결과 품질을 중심으로 한다. 그 이유는 KMS를 이용하는 최종사용자들은 KMS 자체의 시스템보다 이를 통해 얻게 되는 정보와 결과 품질에 관심을 가질 것으로 판단했기 때문이다.

34) Davis and Olson[1985]는 정보시스템의 가치(value of information systems) 평가에 대해 측정상의 어려움이 존재하나, 조직의 유효성(effectiveness) 차원에서 정보시스템의 가치가 평가되어야 함을 주장하고 있다. 즉 이들은 사용자가 시스템으로부터 획득한 결과와 서비스 차원의 효과성에 대해 직접적으로 측정하는 방법이 있으며, 간접적인 방법으로는 과업 관련성(task relevance), 지불용의(willingness to pay), 시스템 이용(system usage), 사용자 정보 만족도(user information satisfaction) 등이 있다고 하였다.

이에 본 연구에서는 사용자들이 KMS에서 산출된 정보 및 결과 품질이 유용성 및 지각된 가치에 정의 상관관계를 갖는다는 가설 H5a, H5b를 설정하였으며, 이러한 가치 요인은 마케팅 연구들에서 소비자의 구매의도와 관계가 있는 것으로 검증됨에 따라 본 연구에서도 사용자의 KMS에 대한 이용 의도와 관련성을 갖는다는 연구 가설 H6을 설정하였다.

H5a: 사용자가 KMS에서 지각한 품질은 지각된 유용성에 정(＋)의 영향을 줄 것이다.

H5a-1: 사용자가 KMS에서 지각한 정보 품질은 지각된 유용성에 정(＋)의 영향을 줄 것이다.

H5a-2: 사용자가 KMS에서 지각한 결과 품질은 지각된 유용성에 정(＋)의 영향을 줄 것이다.

H5b: 사용자가 KMS에서 지각한 품질은 가치에 정(＋)의 영향을 줄 것이다.

H5b-1: 사용자가 KMS에서 지각한 정보 품질은 가치에 정(＋)의 영향을 줄 것이다.

H5b-2: 사용자가 KMS에서 지각한 결과 품질은 가치에 정(＋)의 영향을 줄 것이다.

H6: KMS에 대한 사용자의 지각된 가치는 이용 의도에 정(+)의 영향을 줄 것이다.

3.2.6 접근성, 지각된 유용성, 이용 의도 간의 가설

사용자는 자신이 필요로 하고 원하는 정보가 정보시스템에 존재하는 경우 그 시스템에 접근하기 위해 노력을 할 것이고, 이에 따라 사용자들은 접근성(accessibility)을 중요한 것으로 인식할 것이다. 사용자들은 시스템의 접근성을 통해 정보 획득 및 접근의 용이성을 느끼며, 결국에는 해당 정보시스템에 대해 유용성을 지각하게 된다[Culnan, 1983; Kraemer et al., 1993]. 특히, KMS는 조직구성원들의 정보 및 지식 저장소로서 기능을 하고 있어 시스템과 관련 정보에 대한 접근성은 쉽고도 원활하여야 할 것이다. 조직은 사용자들에게 KMS에 대한 접근성이 큰 무리가 없도록 하여야만 이들의 과업수행에 필요한 가용 정보와 지식을 제공할 수 있게 된다. 이를 통해 조직구성원들의 과업완성도가 높아질 수 있어 접근성은 중요한 것으로 고려해 볼 수 있다.

또한, 이러한 접근성은 TPB 이론에서 지각된 행동통제(PBC) 요인으로 간주되어 Mathieson[1990]에 의해 사용자의 정보기술 이용 의도와 관련성이 있는 것으로 분석되었다. Mathieson의 연구 결과는 사용자의 내부 요인인 지식과 접근성이 이용 의도에 유의함을 검증하였다. 이에 사용자의 KMS에 대한 시스템 및 정보 접근성이 용이한 경우 KMS의 유용성, 이용 의도에 영향을 준다는 가설 H7a, H7b를 설정하였다.

H7a: KMS에 대한 접근성은 지각된 유용성에 정(+)의 영향을
줄 것이다.

H7b: KMS에 대한 접근성은 이용 의도에 정(+)의 영향을 줄
것이다.

3.2.7 보상, 지각된 가치 간의 가설

제2장의 제3절에서 KMS를 이용하는 사용자들에 대한 전화인
터뷰 결과에 대해 언급한 바와 같이 현재의 조직들은 사용자들에
게 외재적 동기 요인인 보상(reward)을 주며 KMS 이용을 독려하
고 있는 상황이다. 조직은 이러한 동인을 제공하여야만 조직구성
원들이 자발적으로 자신의 고유한 지식을 KMS에 제공한다고 판
단하고 있는 것이다. 기존의 지식경영에 관한 연구들에서도 조직
구성원들의 고유한 지식을 조직 내부에 공유·전파하기 위해서는
구성원들에게 보상과 같은 유인가를 제공하여야만 조직 구성원들
의 지식 공여가 원활하게 이루어질 수 있음을 강조한 연구들이 주
류를 이루고 있다[Davenport and Prusak, 1998; Grover and Da-
venport, 2001; King, 1999].

또한, 기존 연구들에서는 암묵지식(implicit knowledge)의 형
식지식(explicit knowledge)으로의 전환을 위해 지식의 시스템화

가 필요함을 주장하고 있는데, 이를 위해 조직은 KMS라 불리는 정보시스템을 구축하여 지식의 형식화를 달성하고 있는 것이다. 이에 본 연구는 현실세계에서 이루어지는 조직의 KMS 이용의 촉진을 위해 행하는 보상 요인으로 인해 사용자들은 KMS에서 가치를 지각할 것으로 기대하여 가설 H8을 설정하였다.

H8: 사용자의 KMS 이용에 대한 조직의 보상은 지각된 가치에 정(+)의 영향을 줄 것이다.

3.2.8 자기효능, 감정, 지각된 용이성, 이용 의도 간의 가설

Compeau and Higgins[1995]는 개인의 자기효능에 대한 판단은 자신의 정서(affect)에 영향을 준다고 하였다. 이들은 개인들이 스스로 무언가를 실행할 수 있다는 자신의 능력(capability)에 대한 지각과 성공적으로 완성했다는 것에 대해 즐거움을 느끼고 선호하는 행동을 보이나, 이와 상반되는 경우 개인들은 이를 거부하고 싫어하게 된다고 하였다. Betz and Hackett[1981]의 연구에서도 자기효능에 대한 지각은 개인의 감정과 유의하게 관련되고 있음을 검증하였는데, 본 연구에서도 자기효능이 사용자의 감정에 영향을 준다는 가설 H9a를 설정하였다. 자기효능은 긍정적 감정 변수들인 정서, 즐거움 등에 긍정적 관계를 부정적 요인인 두려움과는 부의 관계를 갖는 것으로 기존의 연구들에서 나타나고 있다.

또한, Compeau, Higgins, and Huff[1999]의 연구에서는 Compeau and Higgins[1995]의 연구와 동일하게 자기효능이 컴퓨터 이용과 직접적으로 관련성이 있는 것으로 확인하였다. 자기효능과 TAM의 지각된 용이성과 관련성에 대해 Venkatesh and Davis[1996]와 Venkatesh[2000]는 유의한 결과가 있음을 산출하여 자기효능이 지각된 용이성 변수에 주요 선행 요인임을 검증하였다. 이렇게 기존 연구들을 통해 사용자의 KMS에 대한 자기효능이 지각된 용이성, 이용 의도에 영향을 준다는 가설 H9b, H9c를 설정하여 이를 검증하고자 한다.

H9a: 사용자의 KMS에 대한 자기효능은 감정에 영향을 줄 것이다.

H9a-1: 사용자의 KMS에 대한 자기효능은 선호에 정(+)의 영향을 줄 것이다.

H9a-2: 사용자의 KMS에 대한 자기효능은 두려움에 부(−)의 영향을 줄 것이다.

H9b: 사용자의 KMS에 대한 자기효능은 지각된 용이성에 정(+)의 영향을 줄 것이다.

H9c: 사용자의 KMS에 대한 자기효능은 이용 의도에 정(+)의 영향을 줄 것이다.

3.2.9 사회적 영향, 이미지, 지각된 유용성, 이용 의
도 간의 가설

본 연구에서 다루는 사회적 영향(social influence)은 주관적 규범과 가시성으로 구성된 개념이다[양희동·최인영, 2001]. 그간 사회적 영향에 관한 TAM, TRA, TPB 등의 연구에서 주요한 요인은 주관적 규범이었다.35) 그러나 주관적 규범은 기존 연구들에서 중요한 변수로 고려되어 많은 연구자들에 의해 분석되어 왔지만 일관되게 동일한 결과를 보여 주지 못했다.36)

Hartwick and Barki[1994]는 주관적 규범 요인이 사용자의 정보

---

35) 주관적 규범은 TRA와 TPB에서 개인의 행동 의도에 직접적으로 영향을 주는 요인이라 할 수 있다. 특히, 이 요인으로 인해 개인은 어떤 대상에 대해 자신이 호감/비호감의 반응과 상관없이 행동을 해야 하는 당위성을 갖는 경우가 많다. 이러한 경향이 나타나는 원인은 자신이 중요하다고 생각하는 주변인을 지시자(referent)로 생각하며, 이들에 순응하려는 동기를 갖기 때문으로 해석되고 있다[Fishbein and Ajzen, 1975; Ajzen, 1991].

36) Mathieson[1991]은 TAM과 TPB와의 비교연구에서 주관적 규범 요인이 행동 의도에 유의하지 않음을 검증하였고, Davis, Bagozzi, and Warshaw[1989]도 TAM과 TRA와의 비교에서 주관적 규범은 행동 의도와 유의하지 않다는 결과를 얻었다. 이들 이외에 기존 MIS 연구들에서도 조직과 경영진의 지원이 사용자의 정보기술 이용과 유의하지 않다는 결과들이 산출되어 왔다[Iacovou, Benbasat, and Dexter, 1995; Rai and Patnayakuni, 1996]. 반면에, Taylor and Todd[1995]는 TAM과 분해 된 TPB와 비교연구에서 주관적 규범이 유의한 결과가 있음을 발견하였는데, 이는 과거의 MIS 연구들과 마찬가지로 주관적 규범 요인으로 고려할 수 있는 경영진의 지원, IS부서의 지원, 준거집단의 영향 등이 정보기술 이용 의도 및 실제 이용과 상관관계가 있다는 결과와 부합되는 것이다[Igbaria et al., 1997; Schiffman, Meile, and Igbaria, 1992; Fisher, Lind, and Zmud, 1989; Baroudi, Olson, and Ives, 1986; Igbaria, Guimaraes, and Davis, 1995].

기술수용과 관련하여 일치된 결과를 보여 주지 못하는 것에 대해 상황(context)에 따라 주관적 규범은 사용자의 정보기술 이용 의도에서 다르게 나타날 수 있기 때문이다. Hartwick and Barki[1994]는 사용자의 정보기술 이용은 강제적(mandatory)/자발적(voluntary) 상황이 존재하여 강제적 상황에서 주관적 규범은 이용 의도와 유의하지만, 자발적 상황에서는 그렇지 않음을 검증하였다. 이들은 이러한 원인에 대해 강제적 상황의 사용자들은 지시자 및 준거집단의 영향에 큰 가중치를 두며, 자발적 사용자들은 이들의 영향을 크게 인식하지 않고 집중하지 않기 때문으로 해석하였다. Venkatesh and Davis[2000]도 이들의 가정을 받아들여 TAM2에서 이를 검증하였다.

그리고 Venkatesh and Davis[2000]의 TAM2에서 주관적 규범은 강제적/자발적 이용 상황 모두에서 지각된 유용성에 영향을 주는 것으로 분석되었다. 이들은 이러한 결과에 대해 사용자가 지시자와 준거집단의 신념을 자신의 신념으로 내부화(internalization)하기 때문으로 해석하였다.37) 즉, Venkatesh and Davis[2000]는 정보기술 이용에서 자발적 상황의 사용자들은 정보기술의 유용성을 크게 지각하기에 정보기술을 이용하려 하지만, 강제적 상황의 사용자들은 정보기술의 유용성에 대한 지각에서 내부화로 인해 이를 인지하는 것으로 판단하였다. 지시자인 경영진과 IS 부서의 지원 및 권고는 도입된 정보기술의 유용성을 제안할 것이고 사용자들은 이를 받아들여 이용하려는 의도를 갖게 된다는 것이다.

---

37) 내부화는 정보의 사회적 영향(informational social influences)과 동일한 개념으로 고려되는데, 이는 "사실에 대한 증거로서 타인들로부터 정보를 받아들이려는 영향(influence to accept information from another as evidence about reality)"으로 정의되고 있다[Deutsch and Gerard, 1955].

110

이렇게 주관적 규범(혹은 촉진) 요인이 사용자의 정보기술 이용 의도에서 일관된 결과를 보이지 않고 상황에 따라 다른 결과를 보이고 있으나, 주관적 규범은 그간 최종사용자 컴퓨팅(EUC) 연구, 행동적 IS 연구 등에서 사용자 만족과 이용에 주요하게 영향을 주어 현재까지 MIS 연구 분야에서 중요한 변수로 다루어지고 있다.38) 즉, 주관적 규범은 그간 많은 MIS 연구들에서 EUC 성공의 주요 요인으로 간주되거나 조직 내의 정보시스템 성공과 매우 밀접한 관계를 갖는 것으로 고려되어 왔다[Amoroso, 1988; Cerveny and Sanders, 1986; Igbaria, 1994; Kwon and Zmud, 1987; Lucas, 1981].

KMS와 관계되어 GSS 연구들에서도 주관적 규범은 그룹(구성원)의 행동에 영향을 주는 것으로 나타나고 있다. Nunamaker et al.[1996-97]은 GSS와 관련하여 촉진은 주요하게 네 가지 기능들이 있다고 주장하였다. Nunamaker et al.는 20년간의 GSS 연구들을 검토(review)하여 촉진이 기술적 지원을 제공하여 그룹(구성원) 성과에 영향을 미치고, 그룹 간 상호작용을 증대시키는 기능을 한다고 언급하였다. 또한, 촉진자는 그룹과 협동하여 발전적인 안건(agenda)의 기획을 지원하거나 그 실행에 도움을 제공하며, 그룹이 조직과 상호작용이 잘 되도록 규약과 규범을 설정하고 그룹 기억 저장소(repository)를 유지시켜 주는 기능을 하고 있

---

38) 이 연구에서 주관적 규범은 "잠재적 사용자들에게 정보시스템의 이용에 영향을 주는 주변인들(경영자, 직장상사, 동료 등)의 영향"으로 조작화 한다. 이에 주관적 규범은 사회적 영향 요인으로 고려해 볼 수 있으며, 기존 연구들에서 사용자의 정보기술 이용에 대해 조직 관점에서 주변인들에 의해 촉진(facilitation)되거나 지원(support)되는 개념들과 유사하여 본 연구에서는 주관적 규범을 촉진 및 지원 등의 개념과 유사한 것으로 간주한다.

다고 주장하였다. 이와 같이 과거의 연구들을 살펴본 결과 주관적 규범 요인은 개인의 행동 및 그룹 행동에 주요하게 영향을 주는 요인임을 감안하여 본 연구에서는 주관적 규범 요인이 TAM 내의 주요 변수들과 관련성을 갖는가에 연구 초점을 둔다.

그리고 사회적 영향을 구성하는 또 다른 개념으로 가시성이 존재한다는 양희동·최인영[2001]의 주장은 설득력이 높아 TAM과의 관련성에서 유의한 결과를 획득하였다. 주관적 규범이 단지 개인에게 영향을 줄 수 있는 준거집단의 권고, 추천, 촉진 등을 의미하는데 반해, 가시성은 혁신확산이론에서 "조직 내에서 주변인들에 의해 실행되고 보여지는 것"을 말한다. 즉, 실제로 준거집단이 해당 정보기술을 이용하는 모습과 업무 성과를 향상시키고 있음을 가시적으로 잠재적 사용자들에게 보여준다면, 사용자들은 해당 정보기술에 대해 유용성을 지각하며 이용 의도도 높을 것으로 예상해 볼 수 있다. 이에 이 연구는 주관적 규범과 가시성으로 구성된 사회적 영향 요인이 자발적/강제적 이용 상황 모두를 내재하고 있는 KMS에 대해 사용자들이 유용성을 지각하고 이용 의도와도 관련성을 가질 것으로 기대하여 가설 H10b와 H10c를 설정하였다.

또한, Venkatesh and Davis[2000]는 TAM2에서 준거집단(reference group) 내에서 사용자들은 자신의 이미지를 향상시키고 이를 유지시키려 노력하고 있어 주관적 규범이 사용자의 이미지에 영향을 줄 것으로 가정하고 이를 검증하였다. 혁신확산이론에서 이미지는 "사용자가 정보기술을 이용하여 집단(혹은 사회) 내에서 자신의 지위(status)가 상승된다고 지각하는 정도"로 개념화되고 있다. 본 연구는 가시

성을 추가한 사회적 영향 요인이 이미지에 영향을 준다는 가설
H10a를 설정하였다.

H10a: KMS에 대한 사회적 영향은 이미지에 정(+)의 영향을
줄 것이다.

H10a-1: KMS에 대한 주관적 규범은 이미지에 정(+)의 영향
을 줄 것이다.

H10a-2: KMS에 대한 가시성은 이미지에 정(+)의 영향을 줄
것이다.

H10b: KMS에 대한 사회적 영향은 지각된 유용성에 정(+)의
영향을 줄 것이다.

H10b-1: KMS에 대한 주관적 규범은 지각된 유용성에 정(+)
의 영향을 줄 것이다.

H10b-2: KMS에 대한 가시성은 지각된 유용성에 정(+)의 영
향을 줄 것이다.

H10c: KMS에 대한 사회적 영향은 이용 의도에 정(+)의 영향
을 줄 것이다.

H10c-1: KMS에 대한 주관적 규범은 이용 의도에 정(+)의 영
향을 줄 것이다.

H10c-2: KMS에 대한 가시성은 이용 의도에 정(+)의 영향을
줄 것이다.

3.2.10 자발성의 조절 효과에 대한 가설

조직 내에서 현재 KMS 이용은 사용자가 자발적으로 이용함을
원칙으로 하고 있어 자발적으로 KMS를 이용하는 사용자들은 내
부화로 인해 시스템의 유용성을 크게 지각할 수 있다[Venkatesh
and Davis, 2000]. 즉 사회적 영향으로 인해 사용자들은 KMS 이
용이 유용하다고 지각할 수 있다. 이에 사용자의 자발성은 주관적
규범과 가시성으로 구성된 사회적 영향과 유용성 간에 조절적 영
향을 줄 것으로 기대할 수 있어 H11a를 설정하였다.

또한, Venkatesh and Davis[2000]는 TAM2에서 Moore and
Banbasat[1991]와 Agarwarl and Prasad[1997]의 연구를 인용하여
개인이 정보기술 이용의 강제성이 배제된 상태에서 기술을 채택하
려는 자발성은 강제적/자발적 상황에 관계없이 주관적 규범과 이용
의도에서 조절적 영향을 줄 것으로 가정하였다. Venkatesh and
Davis[2000]는 이를 TAM2에서 검증하였고, 이들의 가정을 본 연구
에서도 차용하여 사회적 영향과 이용 의도 간에 자발성이 조절적 영
향을 준다는 H11b를 설정하고 이들의 연구와 비교하고자 한다.

H11a: KMS에 대한 사용자의 자발성은 사회적 영향과 지각된 유용성 간에 조절적 영향을 줄 것이다.

H11a-1: KMS에 대한 사용자의 자발성은 주관적 규범과 지각된 유용성 간에 조절적 영향을 줄 것이다.

H11a-2: KMS에 대한 사용자의 자발성은 가시성과 지각된 유용성 간에 조절적 영향을 줄 것이다.

H11b: KMS에 대한 사용자의 자발성은 사회적 영향과 이용 의도 간에 조절적 영향을 줄 것이다.

H11b-1: KMS에 대한 사용자의 자발성은 주관적 규범과 이용 의도 간에 조절적 영향을 줄 것이다.

H11b-2: KMS에 대한 사용자의 자발성은 가시성과 이용 의도 간에 조절적 영향을 줄 것이다.

제3절 연구 방법

3.3.1 연구 대상과 자료수집 절차

본 연구의 대상은 현재 KMS를 운용하는 국내 5개 조직에 있는 사용자들을 표본으로 선정하였고, 주요 도구로 설문지를 이용하였다. 대상 조직의 사용자들은 일반 사기업 4개와 국책 연구소 1개를 대상으로 하였는데, 이는 S사, L사, F사, O사와 H원의 KMS 사용자들이다. 이러한 조직들 중 보통 대기업으로 분류되는 기업들은 S사와 L사이다. F사와 O사는 국내에 진출한 외국계 기업이며 H원은 국책연구소로 종업원 수로 판단할 경우 그 규모는 전자의 대기업들보다 작은 규모를 갖는 조직들이다.

또한, 5개 조직들은 KMS를 구축하여 운영함에 있어 F사만이 외부에서 구매하여 운영하고 있었으며, S사, L사, O사, H원 등은 자체적으로 내부에서 운영하고 있음을 신뢰할 수 있는 직원들과의 인터뷰를 통해 확인하였고, 이를 설문을 통해 재확인하였다. 즉, 현재 국내 조직들에서 운영하는 KMS 유형은 5개 조직 중 4개 조직이 자체적으로 개발하여 운영하고 있어 조직들은 대부분의 경우에 자체적으로 KMS를 소유하려는 의도가 높음을 보여주고 있다고 할 수 있다. 이 같은 현상은 현재의 조직들이 지식경영을 중시하여 구성원들의 지식을 내부에 축적하기 위해 자체적으로 시스템화하려는 경향이 높다고 생각해 볼 수 있다.

이러한 조직의 사용자들에게 설문을 시작하기 전에 본 연구의 측정 변수들을 2002년 8월경 대학원 박사과정에 있는 5명들에게 pilot test를 실시하였다. 이들에게 설문항목들의 의미와 이해 정도 등을 질의하여 이들이 지적한 문항들을 수정하여 최종 설문을 완성하고 설문지를 배포하였다. 설문 조사는 2002년 9월 11일까지 실시하여 10월 9일에 마감되어 약 한 달 정도의 기간이 소요되었다.

3.3.2 변수의 측정과 분석방법

이 연구에서 KMS를 이용한 사용자들을 대상으로 하여 최종적으로 질의한 요인 및 항목들을 자기효능 변수를 제외하고 <표 7>에 그 개념들을 나타내었다. 자기효능에 대한 항목들은 Compeau and Higgins[1995]와 Compeau, Higgins, and Huff[1999]의 연구에서 모두 10개 항목으로 컴퓨터에 대한 자기효능을 측정되고 있으나, 본 연구에서는 동일한 의미를 갖는 항목들을 제거하여 자기효능 변수를 7개 항목으로 구성하였다(부록: 설문지 참조).

제거된 3개 항목들은 그 의미가 유사하거나 중복된 경우로 이들은 "과거에 시스템을 이용하지 않았더라도"와 반대(reverse) 개념인 "과거에 유사한 시스템을 이용한 경우", "내가 도움을 요청할 사람이 있다면"과 "도와줄 지원부서가 있는 경우", "초기에 어떤 사람이 시스템의 이용 방법을 가르쳐 준다면"과 "어떤 사람이 처음부터 시스템 이용방법을 가르쳐 준다면" 등이다.

이 연구에서 Venkatesh and Davis[2000]의 TAM2에서 사용된 요인들을 근거로 하여 TAM의 주요 변수들인 유용성, 용이성, 이용 의도, 실제 이용과 자발성, 직무관련성, 이미지, 결과 품질, 주관적 규범, 결과실연성 등의 외부 변수들을 국내 상황과 비교하기 위해 인용하였다. 각 요인별로 항목들은 대개 2~3개의 항목들로 구성되었으며, 척도는 Likert 7점(1: 전혀 아니다~7: 매우 그렇다)이다.

또한, TAM2의 변수들 이외에도 새롭게 추가된 요인들도 기존 연구 및 탐색적 연구를 근거로 하여 인용되거나 새로 개발되어 정의되었다. 수집된 자료들의 분석은 기술통계 분석을 실시하였으며, 주요 분석방법은 최근에 TAM의 외부 변수들을 확장한 Venkatesh and Davis[2000]의 TAM2에서 사용한 분석방법을 준용하였다. 즉 변수들의 신뢰성(Cronbach's α) 분석, 개념타당성을 검증하기 위한 요인분석, 본 연구의 주요 가설들을 검증하기 위해 회귀분석(상관관계)을 실시하였으며, 통계도구는 SPSS 10.0을 사용하였다.

<표 7> TAM 내의 주요 변수 및 외부 변수들에 대한 조작적 정의

<table>
<tr><td colspan="3">요 인</td><td colspan="2">항 목</td><td>연구자</td></tr>
<tr><td colspan="3" rowspan="4">시스템 유용성</td><td colspan="2">업무 성과 향상</td><td rowspan="4">Venkatesh and Davis[2000]</td></tr>
<tr><td colspan="2">업무 생산성 증대</td></tr>
<tr><td colspan="2">업무 효과성 증가</td></tr>
<tr><td colspan="2">업무 관련 유용성</td></tr>
<tr><td colspan="3" rowspan="4">시스템 용이성</td><td colspan="2">노력의 감소</td><td rowspan="4">Venkatesh and Davis[2000]</td></tr>
<tr><td colspan="2">명확한 이해</td></tr>
<tr><td colspan="2">편리성</td></tr>
<tr><td colspan="2">작업의 용이성</td></tr>
<tr><td colspan="3" rowspan="2">이용 의도</td><td colspan="2">시스템 접근 허용 후 이용 의도</td><td>Venkatesh and Davis[2000]</td></tr>
<tr><td colspan="2">자유로운 시스템 접근 후 이용 의도</td><td>Venkatesh and Davis[2000]</td></tr>
<tr><td rowspan="6">감정</td><td rowspan="4">선호*</td><td rowspan="2">정서</td><td colspan="2">시스템에 대한 호감</td><td rowspan="10">Compeau and Higgins[1995], Compeau, Higgins, and Huff[1999] Davis, Bagozzi, and Warshaw [1992], Venkatesh[1999], Venkatesh[2000], Venkatesh and Brown[2001]</td></tr>
<tr><td colspan="2">시스템 몰입</td></tr>
<tr><td rowspan="2">즐거움</td><td colspan="2">즐거움</td></tr>
<tr><td colspan="2">재미(흥미)</td></tr>
<tr><td rowspan="2">두려움</td><td colspan="2">불안감</td></tr>
<tr><td colspan="2">걱정</td></tr>
<tr><td colspan="3" rowspan="2">결과실연성</td><td colspan="2">결과의 이해성</td><td rowspan="4">Venkatesh and Davis[2000]</td></tr>
<tr><td colspan="2">결과의 명료성</td></tr>
<tr><td rowspan="5">품질</td><td colspan="2" rowspan="2">결과 품질</td><td colspan="2">결과물의 품질</td></tr>
<tr><td colspan="2">결과물의 완전성</td></tr>
<tr><td colspan="2" rowspan="3">정보 품질</td><td colspan="2">정확한 정보</td><td rowspan="3">Kraemer et al.[1993]</td></tr>
<tr><td colspan="2">최신 정보</td></tr>
<tr><td colspan="2">업무-정보 관련성</td></tr>
</table>

요인		항목	연구자
직무관련성		업무−시스템의 중요성	Venkatesh and Davis[2000]
		업무−시스템 간 관련성	
이미지		높은 신망(위신)	Venkatesh and Davis[2000]
		경력관리	
접근성		시스템접근성	Leonard-Barton and Deschamps[1998], Kraemer et al.[1993], Mathieson[1991]
		정보접근의 용이성	
		정보접근의 신속성	
보상		지식 제공자에 대한 보상	King[1999], Todd and Benbasat [1999], Straub and Karahanna [1998] 등의 연구를 응용하여 새로 개발
		지식 제공에 대한 조직의 반응	
자발성		자발적 이용	Venkatesh and Davis[2000]
		시스템 이용의 자율성	
사회 적 영향	주관적 규범	준거집단의 영향	Venkatesh and Davis[2000], Agarwal and Prasad[1997], Moore and Benbasat[1991], Ploffe, Hulland, and Vandenbosch[2001]
		중요한 주변인의 영향	
	가시성	가까운 준거집단의 시스템 이용의 영향	
		주변인의 시스템 이용의 영향	
가치		투자(시간, 노력) 대비 이득	Dodds, Monroe, and Grewal [1991]와 Zeithaml[1989]의 연구를 응용하여 새로 개발
		이용 혜택(효익)	
		이용 손해(손실)	

* 요인분석 결과를 근거로 새롭게 명명된 요인 명임(4.2.2절의 <표 11> 요인 분석 결과 참조).

제4장 자료 분석과 논의

본 장은 설문을 배포하여 회수된 자료들을 분석·논의하는 장으로 기본적으로 제1절에서 기술통계 분석을 실시하여 인구 통계적 특성을 살펴보았고, 제2절에서 이 연구의 측정 변수들에 대한 신뢰성과 타당성 분석을 실시하였다. 그리고 제3절은 본 연구에서 정립한 연구 가설들을 검증하고 논의하였다.

제1절 기술통계 분석

본 연구의 표본 대상조직인 5개 조직들의 KMS 사용자들에게 보내진 설문지는 총 310부이다. 이중 회신된 설문지는 252부로 회수율은 81%로 나타났다. 설문 초기에 대상표본들에게 KMS에 대한 개념을 설명하였고, 일반 정보시스템을 이용하고 이에 응답한 대상자들을 식별하기 위해 KMS 이용 경험 및 이용 시간을 질의하였다(설문지 참조).

이 절차에 의해 결과적으로 응답자들 중 9명이 KMS 경험 및 실제 이용에 대한 답을 주지 않아 일반적인 정보시스템을 이용한 경험을 바탕으로 응답한 것으로 판단하여 이 표본들은 본 연구의 분석 대상에서 제외시켰으며, 11명의 경우는 불성실한 응답을 하여 이들 모두를 제외시켜 232명을 기초로 실제 분석을 실시하였다(발송 설문의 75%).

일반적인 인구 통계적 특성은 <표 8>과 같은 결과를 보였다. 본 설문에 응답한 성별은 남자가 84% 이상으로 대부분을 차지하였으며, 연령별로는 30대가 많았으나 1명의 50대도 존재하였다. 학력은 대졸이 가장 빈도수가 높았고 석사 이상의 학위 소자자 중 박사도 4.3%로 본 설문에 응답해 주었다.

직무부문에서는 주요하게 기타(예: 연구원, 기획, 업무 등), 정보시스템, 국내외 영업, 인사/조직관리, 재무/회계 등의 순으로 나타났다. 직급은 대리, 사원, 차장 급의 순으로 높았으며 부장급도 5명(2.2%)이 본 설문에 응답해 주었다.

<표 8> 인구통계 분석 결과

내 용	빈 도		비 율(%)
성 별	남	195	84.1
	여	37	15.9
연 령	20대	56	24.2
	30대	162	69.8
	40대 이상	14	6.0
학 력	고졸	5	2.2
	전문대졸	6	2.6
	대졸	155	66.8
	석사 이상	66	28.4
직 무*	인사/조직관리	26	11.2
	영업	41	17.7
	정보시스템	63	27.2
	재무/회계	10	4.3
	생산/운영	7	3.0
	기타	83	35.8
직 급*	사원	65	28.0
	대리	83	35.8
	과장	57	24.6
	차장 이상	25	10.8

* 2명이 응답하지 않아 결측치 발생함

　본 연구의 표본들은 KMS의 이용 경험이 평균적으로 17개월로 나타났다. 17개월의 이용 경험의 평균을 전후로 하여 분석한 결과 10개월 이하로 KMS를 이용한 사용자들이 많은 부분을 차지하여 37.0%를 나타났다. 이외에 11~20개월 및 21~29개월 사용자들은 각각 28.0%와 18.5%이었고 30개월 이상의 경험을 가진 이들은 16.5%로 나타났다.

또한, 평균적으로 매일 KMS를 실제로 이용한 시간은 2시간 38분으로 분석되었다. 그리고 대부분의 경우에 1시간 이상~2시간 미만으로 KMS를 이용하는 사용자들은 148명(63.8%)으로 나타났다. 2시간 이상~3시간 미만은 59명(25.4%)이었고, 나머지 25명의 사용자들은 3시간 이상 KMS를 이용하고 있었다.

제2절 변수들의 신뢰성과 타당성 검증

4.2.1 신뢰성 분석

본 연구의 설문지에 나타난 측정항목들에 대한 신뢰성 분석은 내적 일관성법(internal consistency)을 이용하여 검증하였다. 내적 일관성법은 동일개념의 측정을 위해 여러 개의 항목을 이용하는 경우 신뢰도를 저해하는 항목을 찾아내어 측정 도구에서 제외시켜 측정도구의 신뢰도를 높이는 방법으로 보통 Cronbach's Alpha 계수를 이용한 경우로 그 계수 값은 <표 9>와 같다.[39]

결과적으로 본 연구에서 측정했던 변수들은 신뢰성 계수가 모두 0.6 이상이 산출되어 차후의 분석에서 큰 무리가 없는 변수들임이 판명되었다. 이러한 내적 일관성법 이외에도 신뢰성은 측정된 변수들의 일관성, 정확성, 의존가능성, 안정성, 예측가능성과 관련된 개념을 의미하는 것으로 동일한 개념에 대해 측정을 반

---

39) 신뢰성과 타당성에 대한 개념은 강병서·김계수(1997)의 저서를 참조함.

복했을 때 동일한 측정값을 얻을 가능성을 말한다.

<표 9> 설문지에 나타난 측정 상황적 특성 변수들의 신뢰성 분석 결과

요인		항목수	Cronbach's Alpha	
시스템 유용성		4개	0.920	
시스템 용이성		4개	0.818	
이용 의도		2개	0.958	
선호	정서	2개	0.892	0.761
	즐거움	2개		0.908
두려움		2개	0.933	
직무관련성		2개	0.909	
이미지		2개	0.829	
결과실연성		2개	0.724	
접근성		3개	0.743	
품질	정보 품질	3개	0.797	
	결과 품질	2개	0.639	
보상		2개	0.900	
자발성		2개	0.781	
사회적 영향	주관적 규범	2개	0.873	
	가시성	2개	0.889	
가치		3개	0.826	

4.2.2 타당성 분석

본 연구 결과의 실질적인 유효성을 높이고 설문항목의 타당성 평가를 위하여 요인분석을 실시하였다. 타당성은 개발된 측정도구가 측정하고자 하는 개념이나 특성을 정확히 측정하고 있는가를 분석하는 것이다. 예컨대, 측정 개념이나 속성을 알아보기 위해 개발된 측정도구가 해당 속성을 정확히 반영하고 있는가와 관련된 것을 말한다. 타당성에는 크게 내용타당성(content validity), 예측타당성(predictive validity), 개념타당성(construct validity) 등의 세 가지가 있다.

첫 번째로 내용타당성은 측정도구를 구성하고 있는 항목들이 측정하고자 하는 개념들을 얼마나 잘 대표하는가를 나타내는 것이다. 이는 전문가나 연구자의 주관적 판단에 의해 이루어진다. 두 번째의 예측타당성은 한 속성이나 개념에 대한 측정값이나 다른 속성의 변화를 예측하는 정도에 의해 평가되는 타당성을 의미한다.

마지막으로 개념타당성은 측정도구가 연구하고자 하는 개념, 즉 구성 개념을 제대로 측정하였는가를 검정하는 방법이다. 개념타당성을 평가하는 방법에는 다속성 측정방법(multitrait-multimethod matrix)과 요인분석(factor analysis)이 있다. 이 연구는 개념타당성을 획득하기 위하여 요인분석을 실시하여 <표 10>과 같은 결과를 얻었다.

요인분석을 위해 선택한 기준들은 요인수의 결정방식에서 고유값(eigen value)을 기준으로 고유값이 1 이상인 요인들이 선정되도록 하였고, 요인 적재량(factor loading)은 ±0.4 이상이면 유의한 것으로 고려됨에 따라 이를 준용하였다. 각 변수와 요인 간의 상관관계를 나타내 주는 공통성(communality)은 사회과학 분야에서 ±0.6 이상이면 유의한 것으로 판단하므로 이 기준을 만족하는가를 살펴보았다. 또한, 요인회전에서 직교회전의 방법들 중 이퀴맥스(equimax)를 선택하여 요인분석을 실시하였다.[40] 분석 결과 모든 성분들의 누적 분산이 84.1%로 나타나 설명력에 있어 높은 것으로 나타났다.

---

40) 직각회전은 단순 구조를 산출하는 기준에 따라 세 가지 방법이 존재한다. 이는 베리맥스(varimax), 쿼타맥스(quartimax), 이퀴맥스(equimax) 등이다. 베리맥스는 단순화의 기준을 요인구조에서 측정 변수(행)에 두는 것이 아니라 요인(열)에 두는 방식이며, 쿼타맥스는 요인 해석의 단순성이 아닌 변수 해석의 단순성을 강조하는 방법이다. 그리고 이퀴맥스는 베리맥스와 쿼타맥스 기준 모두를 고려한 방법으로 요인구조에서 모든 요인계수의 분산을 최대화하는 기준으로 회전시켜 일반 요인이 산출될 가능성이 높은 방식을 의미한다[이종구, 2000]. 이 연구는 이퀴맥스를 선택하여 요인분석을 실시하였다.

<표 10> 요인분석 결과

요인	공통성	성분																
		1	2	3	4	5	6	7	8	9	10	11	12	13	14	15	16	17
자기효능5*	0.839	.841																
자기효능6	0.829	.802																
자기효능3	0.717	.744																
자기효능7	0.809	.710																
자기효능4	0.703	.696																
유용성2	0.873		.733															
유용성3	0.863		.729															
유용성1	0.838		.643															
유용성4	0.798		.621															
즐거움1	0.873			.757														
정서2	0.776			.697														
즐거움2	0.836			.694														
정서1	0.809			.609														
직무관련성2	0.900				.828													
직무관련성1	0.894				.795													
이용 의도1	0.951					.872												
이용 의도2	0.943					.870												
용이성1	0.801						.714											
용이성2	0.813						.684											
용이성3	0.808						.657											
용이성4	0.761						.526									.403		
이미지1	0.873							.865										
이미지2	0.876							.848										
두려움1	0.923								−.918									
두려움2	0.915								−.915									
보상1	0.895									.903								
보상2	0.879									.874								
가시성1	0.885										.773							
가시성2	0.855										.758							
가치1	0.862											.740						
가치2	0.888											.734						
가치3	0.671											.496						
결과실연성1	0.936												.959					
결과실연성2	0.942												.949					
주관적 규범1	0.861													.792				
주관적 규범2	0.858													.711				
자발성1	0.788														.808			
자발성2	0.831														.709			
접근성1	0.773															.798		
접근성2	0.843															.668		
접근성3	0.762															.572		
정보 품질1*	0.861																.708	
정보 품질2	0.825																.694	
결과 품질2	0.836																	.830
결과 품질1	0.732																	.522
Eigen값		3.06	2.53	2.47	2.30	2.29	2.20	2.20	2.18	2.16	2.15	2.14	2.13	2.10	2.03	2.03	2.02	1.81
설명분산		6.80	5.6	5.4	5.1	5.0	4.8	4.8	4.8	4.8	4.7	4.7	4.7	4.6	4.5	4.5	4.4	4.0
누적분산		6.80	12.4	17.9	23.0	28.1	33.0	37.8	42.7	47.5	52.3	57.0	61.8	66.4	70.9	75.4	79.9	84.1

* 번호는 설문지의 항목번호들이며 요인적재량이 0.4 이하인 경우는 제거되어 자기효능1/2, 정보 품질3은 표에 나타내지 않았다.

이 연구의 요인분석 결과는 Venkatesh and Davis[2000]의 TAM2에서 고려한 주요 변수들인 유용성, 용이성, 이용 의도, 자발성, 직무관련성, 이미지, 결과 품질, 주관적 규범, 결과실연성 등을 동일하게 반복하여 산출하고 있다. 본 연구의 TAM2에서 인용한 요인들의 개념타당성은 TAM2 연구와 동일하다고 판단해 볼 수 있다.

또한, 이러한 요인들 이외에 자기효능, 보상, 정보 품질, 가시성 등의 개념들도 일부 항목들을 제외하고, <표 7>의 조작적 정의 부분에서 논의되었듯이 기존의 연구들과 동일한 의미를 갖는 것으로 나타났다. 그러나 기존 연구들을 근간으로 하여 감정 변수들을 정서, 즐거움, 두려움 등으로 고려하였으나, 분석 결과 정서와 즐거움 요인이 한 개념으로 사용자들에게 인지되어 본 연구에서는 이를 시스템에 대한 사용자들의 "선호"라는 개념으로 새롭게 명명하였다.

제3절 연구 가설의 검증

본 절에서는 본 연구의 가설들을 검증하기 위해 제3장의 연구 방법 부분에서 논의한대로 Venkatesh and Davis[2000]의 TAM2의 분석방법과 동일하게 회귀분석(상관관계)을 통해 TAM 내의 주요 변수들과 선행 요인들 간의 관련성을 살펴보았다. 이를 통해 TAM2에서 고려한 요인들이 KMS 영역 내에서 어떠한가를 비교하였고, 이 연구에서 새롭게 추가한 요인들도 의미를 갖는가를 분석하고 논의하였다.

4.3.1 TAM의 유용성과 선행 요인들과의 가설 검증

TAM2 연구의 분석과정을 살펴보면, 독립 변수들의 투입에서 단계적 선택(stepwise) 방식을 사용하여 선행 요인들과 TAM의 주요 요인들과 관련성을 검증하고 있다. 본 연구도 동일하게 이를 수행하여 유용성과 선행 요인들과의 관련성을 분석하여 <표 11>과 같은 결과를 획득하였다.[41]

본 연구에서 KMS 사용자들을 대상으로 하여 TAM의 유용성에 영향을 줄 것으로 기대한 독립 변수들은 지각된 용이성, 사회적 영향(주관적 규범과 가시성), 자발성, 이미지, 직무관련성, 결과실연성, 품질(정보 품질과 결과 품질), 접근성 등이다. 하지만, 분석 결과 유용성에 주요하게 영향을 준 선행 요인들은 직무관련성, 가시성, 용이성, 정보 품질, 자발성, 이미지 등이었다.[42]

---

41) <표 11>에 나타난 독립 변수들의 순서는 stepwise regression의 결과를 보인 것으로 종속 변수인 유용성에 가장 유의한 독립 변수는 직무관련성으로 나타났으며, 유의성 검증에서 제거된 변수들도 표에 함께 나타내었다. 이는 다른 연구 가설 검증 부분에서도 동일하게 실행하였다.
42) 본 연구의 가설들은 방향성을 고려하고 있어 가설들의 검증에서 1-tailed로 분석함.

<표 11> TAM의 유용성과 선행 요인들과의 회귀 및 상관관계 분석 결과

다중회귀분석결과(종속 변수: 유용성)								
독립 변수	R^2	조정된 R^2	F값	표준화 Beta값	t값	p값	Tolerance	VIF
직무관련성	0.612	0.601	59.056**	0.458	9.039**	0.000	0.671	1.490
가시성				0.150	2.798**	0.003	0.597	1.676
용이성				0.122	2.346*	0.010	0.636	1.573
정보 품질				0.106	1.893*	0.030	0.551	1.815
자발성				0.116	2.236*	0.013	0.639	1.564
이미지				0.095	1.963*	0.025	0.736	1.358
결과실연성				0.062	1.479	0.070	0.975	1.026
결과 품질				0.011	0.200	0.421	0.607	1.647
접근성				0.018	0.319	0.375	0.563	1.775
주관적 규범				0.093	1.610	0.054	0.511	1.958
주관적 규범× 자발성				0.058	1.367	0.086	0.949	1.053
가시성×자발성				0.005	0.112	0.455	0.950	1.052

상관관계	다중회귀분석결과(종속 변수: 유용성)												
	상관계수(pearson value)												
	유용성	직무관련성	가시성	용이성	정보품질	자발성	이미지	결과실연성	결과품질	접근성	주관적규범	주관적규범×자발성	가시성×자발성
유용성	1												
직무관련성	0.691**	1											
가시성	0.521**	0.371**	1										
용이성	0.514**	0.420**	0.429**	1									
정보품질	0.515**	0.374**	0.553**	0.519**	1								
자발성	0.488**	0.381**	0.494**	0.444**	0.478**	1							
이미지	0.444**	0.439**	0.336**	0.295**	0.375**	0.186**	1						
결과실연성	0.112*	0.016	0.043	0.078	0.107	0.133**	0.019	1					
결과품질	0.322**	0.157**	0.452**	0.486**	0.539**	0.301**	0.249**	0.284**	1				
접근성	0.405**	0.314**	0.429**	0.574**	0.543**	0.465**	0.262**	0.084	0.396**	1			
주관적규범	0.490**	0.329**	0.637**	0.429**	0.558**	0.415**	0.382**	−0.024	0.407**	0.412**	1		
주관적규범×자발성	0.214**	0.160**	0.190**	0.148**	0.165**	0.119*	0.075	−0.026	0.228**	0.084	0.214**	1	
가시성×자발성	0.123**	0.070	0.186**	0.162**	0.139**	0.172**	0.043	0.015	0.096	0.137**	0.203**	0.598**	1

* p<0.05, ** p<0.01

그러나 유용성과 선행 요인들과의 상관관계 분석에서는 모두 유의한 것으로 나타났다. 상관관계 분석은 <표 11>의 아래에 함께 나타내었는데, 본 연구에서 고려한 유용성의 선행 요인들은 유용성과 모두 상관관계가 있는 것으로 분석되었다. 또한, 독립 변수들 간의 다중공선성 문제를 검증하기 위해 분산확대지수 (VIF: Variance Inflation Factor)와 허용도(Tolerance)를 살펴보 았다. 즉 VIF가 10 이하이거나 Tolerance 값이 0.1 이상이면 변 수들 간의 다중공선성은 없는 것으로 판명되는데[김충련, 1997],

이 연구에서 다룬 유용성의 선행 요인들에서 다중공선성은 이 기준들을 만족하여 공선성 문제는 없는 것으로 나타났다.[43]

회귀분석에서 유용성과 유의하게 영향을 준 선행 요인들을 중심으로 분석 결과를 논의하면, 먼저, 지각된 용이성이 유용성에 영향을 준다는 것은 TAM2와 동일하게 유의한 결과를 보여 과거 TAM의 기본 가정을 검증한 많은 연구들과 동일한 결과를 보여 주었다[Adams, Nelson, and Todd, 1992; Agarwal and Kara-hanna, 2000; Davis, Bagozzi, and Warshaw, 1992; Igbaria et al., 1997; Venkatesh, 1999; Venkatesh, 2000; Venkatesh and Brown, 2001; Venkatesh and Davis, 1996; Venkatesh and Davis, 2000; Venkatesh and Morris, 2000; Venkatesh and Speier, 1999].

그리고 사회적 영향 요인은 양희동과 최인영[2001]의 연구에 따라 주관적 규범과 가시성으로 구성하였는데, 분석 결과 두 변수들 중 가시성 변수만이 유의하여 본 연구의 가설 H10b에서 H10b-2만이 채택되었다. 이는 TAM2의 연구와 다른 양상을 보이는 것으로 Venkatesh and Davis[2000]의 주장은 주관적 규범이 강제적/자발

---

43) 모든 가설 검증 부분에서 다중공선성을 검증하였는데, 이후의 분석에서도 공선성 문제는 없는 것으로 파악되었다. 회귀분석에서 다중공선성이 있는가를 알아보는 방법으로는 분산확대지수 10 이상, 허용도 0.1 이하, 고유값(eigen value) 0.01 이하와 조건지표(condition number)가 100 이상으로 나타나면 다중공선성을 의심해 보아야 한다. 즉, 이러한 조건들 중 하나라도 상기의 조건들의 범위에 속하면 다른 조건들도 검토해 보아야 하며 다중공선성이 존재한다고 판단해 볼 수 있다. 본 연구의 모든 가설들의 분석에서 분산확대지수(10 이하)와 허용도(0.1 이상)를 살펴보았는데, 종속 변수에 대한 독립 변수들 간의 다중공선성은 없는 것으로 나타났다.

적 이용 상황 모두에서 사용자의 내부화(internalization)로 인해 유용성을 지각할 것으로 기대하였으며 이를 실제로 분석하여 유의한 결과를 얻었다. 그러나 본 연구의 KMS를 대상으로 한 연구에서 유용성은 주관적 규범보다 준거집단의 시스템 이용 영향으로 구성된 가시성 요인과 유의한 것으로 나타났다.

또한, 사회적 영향이 이미지에 영향을 준다는 본 연구의 가설 H10a는 흥미롭게도 유용성에서 검증된 결과와 상반되게 가시성은 이미지에 유의하지 않았고($\beta=0.131$), 주관적 규범 요인만이 유의한 것으로 나타나 H10a-1이 채택되었다($\beta=0.269$, $p<0.01$).[44] 이에 KMS 사용자들은 시스템 이용과 관련된 이미지 관리에서 가시성보다 준거집단에 의해 영향을 더 받는다고 판단해 볼 수 있다.

한편, TAM2에서 이미지와 유용성 간에 유의하다는 연구 결과를 본 연구에서 차용하여 검증한 결과 이들 간의 관계는 의미 있는 것으로 확인되었다. 이러한 결과는 KMS를 이용하는 사용자들도 준거집단(reference group) 내에서 자신의 이미지 향상을 위해 노력하며 이미지 증대를 통해 유용성을 지각한다고 판단해 볼 수 있다.

그리고 정보시스템과 사용자 직무(혹은 과업)와의 적합 상태라 할 수 있는 직무관련성은 단계적 회귀분석에서 가장 유의한 변수

---

44) 사회적 영향의 주관적 규범과 가시성을 독립 변수로 하여 이미지와의 회귀분석 결과 F값은 21.884($p<0.01$)와 조정된 R2값은 0.153으로 나타났다. 사회적 영향 요인들 중 가시성 변수만이 유용성과 관련성이 있는 것으로 검증되었으나, 주관적 규범은 이미지와 이용 의도 모두에서 유의한 것으로 드러났다(<표 15> 참조).

로 나타났다. 이는 TAM2의 연구와도 동일한 유형을 보여주고 있어
가설 H3a는 채택되었다. 최근의 GSS 연구들 중 Dennis, Wixom,
and Vandenberg[2001]의 연구 결과와 동일하여 직무ー시스템 간의
적합이 그룹(혹은 개인)의 작업성과에 영향을 준다는 결과와 부합
되고 있다고 할 수 있다.45)

 Fjermestad and Hiltz[1999]도 과거 GSS 연구들을 바탕으로 한
메타분석에서 이들은 GSS가 그룹 및 개인의 과업을 지원(task
support)하여 종속 변수들인 그룹 효율성 및 효과성과 상관관계가
있음을 밝혔다. 이러한 GSS의 기존 연구들과 KMS를 대상으로
한 본 연구에서의 직무관련성과 유용성 간의 상관관계가 있다는
결과는 동일하다고 볼 수 있다.

 TAM2의 결과실연성과 결과 품질이 유용성에 영향을 준다는
것을 근간으로 그 관련성을 검증한 결과 두 요인 모두 KMS 사
용자들을 대상으로 한 본 연구에서 유의하지 않은 것으로 나타
났다.46) 하지만, TAM2와 달리 본 연구에서 새롭게 고려한 품질
요인인 정보 품질은 유용성과 유의한 관련성을 보여주어 가설
H5a-1만이 채택되었다.

 GSS의 연구들 중 Hilmer and Dennis[2000-01]의 연구에서 그

---

45) KMS 사용자들을 대상으로 한 본 연구의 전화인터뷰에서 사용자들은
   KMS가 자신들의 직무와 잘 부합되어야 한다고 하였는데, 이 연구의
   실제 분석에서도 중요한 요인으로 판명되었다.
46) 결과실연성과 결과 품질 요인은 TAM의 유용성 간의 관련성에서 유의
   하지 않은 결과를 보였으나, 결과 품질은 본 연구에서 새롭게 추가한
   지각된 가치와의 검증에서는 유의한 것으로 드러났다(4.3.4절 참조).

룹웨어에 대한 사용자들의 정보 주목과 통합에서 그룹웨어의 정보 통합이 사용자들의 의사결정의 품질을 증대시키는 것으로 나타났다. 여기서 정보 통합은 정보의 유용성과 관련성을 평가한 후 자신의 의사결정 프레임워크에 통합시키는 과정을 의미한다.

그런데, 정보 통합은 이 연구에서 살펴본 정확한 정보, 최신 정보, 업무-정보 관련성으로 측정된 정보 품질 요인과 유사한 측면을 갖는다고 할 수 있다. 결국 이들의 연구는 정보 통합을 통해 사용자들은 자신의 업무와 관련된 의사결정의 질을 향상시킨다는 결과를 주장하였다. 이러한 Hilmer and Dennis의 연구 결과는 본 연구의 정보 품질이 개인의 업무 성과 향상과 관련된 유용성과 유의 하다는 결과와 개인의 직무를 더 나은 상황으로 그룹관련 시스템이 작용된다는 측면에서 유사한 결과를 산출하였다고 볼 수 있다.

또한, 정보 품질과 관련하여 TAM 연구와 달리 기존 MIS 연구들에서 주장된 고품질의 정보가 사용자의 정보시스템에 대한 유용성 지각과 관련성을 갖는다는 논지와 일맥상통한다고 판단해 볼 수 있다[Burton, Leitch, and Tuttle, 2001; Kraemer et al., 1993]. 이러한 결과로부터 이해할 수 있는 것은 정보 품질은 KMS 영역 내에서 중시될 수 있는 요인으로 시스템으로부터 산출된 정보의 품질이 높을수록 사용자들은 자신의 업무 성과를 높인다고 유추해 볼 수 있다.

그러나 TAM의 유용성과 접근성과의 관련성은 유의하지 않은 것으로 확인되었다. 이러한 결과는 현재 KMS를 운영하는 국내의 조직들이 대부분의 경우에 KMS를 개방된 통신망인 인터넷으로 접근하도록 하고 있어 사용자들의 시스템 및 정보 접근이 과거보다 자유로워 KMS 사용자들은 접근성에 대해 크게 이를 의식하지 않을 수도 있다고 유추해 본다. 네트워킹 기술의 발달로 인해 현재의 KMS 사용자들에게 시스템접근성, 정보접근의 용이성과 정보접근의 신속성은 이미 부각되어 있으며, 이에 이들은 접근성을 중시하지 않을 수도 있다고 판단해 볼 수도 있다.

유용성과 사회적 영향과의 관계에서 자발성의 조절 효과(moderating effect)에 대한 가설 H11a는 자발성이 유용성과 사회적 영향 간의 관련성을 더 강화시키고 있는가를 검증하기 위한 것이었다. 조절 효과에 대한 분석방법은 이유재[1994]의 구간척도를 이용한 다중회귀분석에서 변수들의 주효과(main effect)와 상호작용 효과(interaction effect)를 검증하는 분석방법을 이용하였다. 이유재[1994]는 구간척도를 이용하여 측정된 변수들의 상호작용 효과는 척도 종속성과 다중공선성의 문제가 발생할 수 있음을 지적하고 이를 해결하기 위해 각 변수들의 평균값과의 차이 값을 이용한 평균 변환모델을 이용하여 주효과와 상호작용 효과를 검증할 것을 제안하고 있다.[47]

---

47) 평균 변환은 주효과와 상호작용 효과(x1x2)를 고려한 회귀식 $Y = a + b1x1 + b2x2 + b3x1x2 + e$에서 주효과 변수들인 x1과 x2는 각 변수들의 평균값과의 차이 값으로 변환되었고, 이 변수들은 특정 상수(평균값)로 동일하게 빼주고 있어 본질적으로 변수들의 속성과 성격은 변하지 않는 특징을 갖는다[Yi, 1989; 이유재, 1994]. 결국, 본 연구에서 자발성, 주관적 규범, 가시성의 변수들이 이 방법에 따라 평균 변환 되었고, 이러한 평균 변환된 조절 효과 변수들을 포함하여 종속 변수(유용성/이용 의도)에 영향을 줄 것으로 기대한 모든 독립 변수들이 함께 고려되어 회귀분석을 실시하였다.

본 연구에서는 이러한 방법을 채택하여 분석한 결과 <표 11>과 같은 결과를 얻어 다중공선성 문제는 없는 것으로 확인하였다. 그러나 자발성과 사회적 영향을 구성하는 주관적 규범 및 가시성과의 상호작용 효과가 유의하여야 조절 효과가 있는 것으로 나타나지만, 표에 나타났듯이 상호작용 효과가 유의하지 않아 가설 H11a는 채택되지 않았다.48)

4.3.2 TAM의 용이성과 선행 요인들과의 가설 검증

기존의 TAM 및 MIS 연구들을 근거로 감정(시스템 선호와 두려움) 요인이 TAM의 지각된 용이성과 관련성을 갖는다는 가설 H1a를 검증한 결과 <표 12>와 같은 결과를 산출하였다. 감정 요인에서 선호 변수만이 용이성과 유의하여 연구 가설 H1a는 부분적으로 H1a-1만 채택되었다. 즉 사용자의 KMS에 대한 선호는 사용자들의 시스템 용이성에 영향을 주었으며, 두려움은 유의하지 않았다.

선호가 용이성에 유의하게 영향을 준다는 이 연구의 결과는 Venkatesh[1999]와 Venkatesh and Brown[2001]의 연구와 유사하여 즐거움 및 쾌락적 결과 요인들이 사용자들의 정보기술에 대한 지각에서 유용성보다 용이성을 더 지각한다는 것을 한 번 더 확인

---

48) 본 연구는 TAM2에서 실시한 상호작용 효과 검증 방식에 따라 종속 변수인 유용성에 영향을 줄 것으로 기대한 독립 변수들과 상호작용 효과를 고려한 변수들인 자발성, 주관적 규범, 가시성 변수들을 모두 투입하여 주효과 변수들인 자발성, 가시성 변수만이 유용성에 유의한 것으로 분석되었다.

하였다고 할 수 있다. 그러나 두려움 요인은 Venkatesh[2000]의 용이성을 중심으로 한 연구에서 유의하다는 결과와 달라 KMS에 대한 두려움 요인은 지각된 용이성에 부(−)의 영향을 주지 못했다.[49]

<표 12> TAM의 용이성과 선행 요인들과의 회귀 및 상관관계 분석 결과

다중회귀분석결과(종속 변수: 용이성)							
독립 변수	R^2	조정된 R^2	F값	표준화 Beta값	t값	p값	다중공선성 검증	
							Tolerance	VIF
자기효능				0.410	6.570**	0.000	0.789	1.268
선호	0.296	0.290	48.236**	0.216	3.463**	0.001	0.789	1.268
두려움				−0.082	−1.342	0.090	0.815	1.227

상관관계	상관계수(pearson value)			
	용이성	선호	자기효능	두려움
용이성	1			
선호	0.405**	1		
자기효능	0.509**	0.460**	1	
두려움	−0.229**	−0.012	−0.388**	1

** p<0.01

또한, 본 연구의 요인분석 결과 선호 요인은 기존의 TAM과 MIS 연구들과 달리 정서와 즐거움이 하나의 개념으로 나타나 Davis, Bagozzi, and Warshaw[1992]와 Venkatesh[1999] 등의 기존 TAM 연구들에서 내재적 동기 요인인 즐거움 변수만을 주요하게 고려한 연구들과 다르다고 할 수 있다. 그런데 이러한 감정 요

---

49) 두려움 요인은 용이성에 영향을 주지 못했으나, 이용 의도와도 부(−)의 관련성을 갖는 것으로 분석되었다(4.3.3절의 이용 의도에 대한 가설 검증 참조).

인은 Edell and Burke[1987]의 연구에 의하면 경쾌한(upbeat), 부정적(negative), 따뜻한(warm) 요인들에서 65개의 항목들이 존재하고 있어 이들의 연구를 기초로 하여 TAM 및 MIS 관점에서 감정 요인들에 대한 추가적인 연구가 필요할 것으로 전망된다.

그리고 자기효능은 용이성에 영향을 주고 있어 가설 H9b는 채택되었다. 즉, 기존의 TAM 연구들의 결과와 유사하여 자신감이 높은 사용자들이 KMS 이용에서 용이함을 지각한다고 할 수 있다. 예를 들어, 기존의 자기효능에 대한 측정 도구를 개발한 Compeau and Higgins[1995]의 연구를 근간으로 하여 Venkatesh and Davis[1996], Venkatesh[2000] 등이 TAM에서 검증한 결과와 동일하다고 할 수 있다.

그리고 자기효능 변수가 감정에 영향을 준다는 가설 H9a는 <표 13>의 모형1 결과와 같이 유의함을 보여 세부가설 H9a-1과 H9a-2는 모두 채택되었다. 이 또한 기존의 Compeau and Higgins[1995]와 Compeau, Higgins, and Huff[1999] 등이 검증한 자기효능과 정서 및 두려움 간에 정(+)과 부(−)의 영향을 준다는 결과와 동일한 유형으로 나타났다.

<표 13> 자기효능과 이용 의도 간 감정 변수들의 매개효과 검증

회귀분석결과									
독립 변수	종속 변수	R^2	조정된 R^2	F값	표준화 Beta값	t값	p값	Tolerance	VIF
모형1 자기효능	선호	0.211	0.208	61.67**	0.460	7.853**	0.000		
	두려움	0.150	0.147	40.70**	−0.388	−6.380**	0.000		
	이용 의도	0.337	0.334	116.99**	0.581	10.817**	0.000		
모형2 선호	자기효능				0.281	4.823**	0.000	0.643	0.174
	이용 의도 0.502	0.495	76.57**	0.342	6.368**	0.000	0.756	0.032
두려움					−0.366	−7.071**	0.000	0.815	0.013

** $p<0.01$

또한, 본 연구의 모형에 나타냈듯이 자기효능을 통한 감정이 이용 의도에 매개적 역할을 하는 것으로 표현되어 있다.[50] <표 12>를 살펴보면 자기효능과 감정 요인의 선호와 두려움 변수들과 상관관계가 존재하고 4.3.3절에 나타난 <표 14>에서 이용 의도에 선호와 두려움 변수 모두가 유의함에 따라 자기효능으로부터 감정 요인을 통한 이용 의도에 매개효과가 있을 것으로 기대됨에 따라 이를 검증하기 위해 <표 13>과 같이 계층적 회귀분석(hierarchical regression)을 실시하였다.

매개효과에 대한 검증은 Baron and Kenny[1986]가 추천한 방법에 따르면, 세 가지 요건을 만족하여야만 변수의 매개효과가 있음이 주장되고 있다. 세 가지 조건들은 다음과 같다.

---

50) 본 연구의 모형에서 매개적 역할을 할 것으로 기대된 요인들은 감정, 이미지, 유용성, 용이성 변수들이다. 하지만, 이러한 매개 변수, 독립 변수, 종속 변수들 간의 관련성에 관한 검증 결과를 살펴보았을 때 감정과 TAM 내의 유용성 요인만이 매개효과가 있는 것으로 나타났다.

첫째, 독립 변수와 매개 변수는 각각 종속 변수와 유의한 상관관계가 있어야 한다.

둘째, 독립 변수와 매개 변수 간의 상관관계가 유의하여야 한다.

셋째, 독립 변수와 매개 변수가 동시에 회귀식에 투입되었을 때 매개 변수가 종속 변수에 유의하여야 하고, 독립 변수는 종속 변수 간의 관련성에서 매개 변수가 투입되지 않았을 경우보다 약화되어 매개 변수의 영향력보다 덜 하거나 유의하지 않아야 한다는 것이다.

이들 조건들이 만족되는가를 검증한 결과 자기효능과 이용 의도 간 감정 요인은 결과적으로 매개효과가 있는 것으로 드러났다. 이를 구체적으로 살펴보면 세 가지 조건들 중 첫 번째인 자기효능과 감정 요인들인 선호와 두려움 변수들은 4.3.3절의 <표 14>의 상관관계 분석에서 종속 변수인 이용 의도와 각각 유의한 관련성을 갖는 것으로 나타나 만족되는 것으로 드러났다.

두 번째 조건도 <표 12>와 <표 13>에서 자기효능과 선호와 두려움 간의 상관관계가 유의한 것으로 나타났다. 마지막 조건들 중 첫 번째 요건도 충족되어 <표 13>의 모형2에서 자기효능, 선호, 두려움 변수들이 함께 투입되어 선호와 두려움 변수들이 이용 의도에 유의하였다. 또한, 모형2에서 독립 변수인 자기효능이 이용 의도에 미치는 영향력은 모형1의 영향력보다 약화되고 있음이 발견되고 있다($\Delta\beta = -300$). 그리고 감정 요인들인 선호와 두려움 변수들이 자기효능보다 유용성에 미치는 영향력이 더 큰 것으로 나타나고 있어 결국 자기효능을 통한 감정의 세부 변수들인 선호와 두려움은 이용 의도에 매개적 역할을 하고 있는 것으로 이해할 수 있다.

이러한 결과로부터 이해할 수 있는 부분은 이용 의도에 유의하게 영향을 주는 자기효능과 감정 요인들에 대해 KMS 사용자들은 자기효능 요인보다 감정 요인에 의해 KMS 이용 의도에서 더 영향을 받는다고 할 수 있다. 즉, KMS 사용자들은 그들의 자신감보다 시스템에 대한 호감 또는 격정·불안 등의 감정 요인들에 의해 KMS 이용의지가 좌우되며, 이에 따라 KMS 이용 의도가 높거나 낮은 상태가 될 수 있다는 것이다. 이에 KMS를 운영하는 조직들은 사용자들의 KMS에 대한 호의적 감정을 증가시키기 위해 KMS 이용에서 흥미로운 요소들을 프로그램화할 필요성이 있는 것이다.

4.3.3 TAM의 이용 의도와 선행 요인들과의 가설 검증

TAM의 이용 의도와 본 연구에서 고려한 선행 요인들인 유용성, 용이성, 가치, 선호, 두려움, 자기효능, 사회적 영향 요인들과의 관련성을 검증하여 <표 14>와 같은 결과를 산출하였다. 이용 의도에 유의하게 영향을 미치는 요인들은 자발성, 두려움, 유용성, 선호, 주관적 규범, 자기효능, 가치 등으로 나타났다.

<표 14> TAM의 이용 의도와 선행 요인들과의 회귀 및 상관관계 분석 결과

다중회귀분석결과(종속 변수: 이용 의도)

독립 변수	R^2	조정된 R^2	F값	표준화 Beta값	t값	p값	다중공선성 검증	
							Tolerance	VIF
자발성				0.195	3.378**	0.000	0.556	1.798
두려움				−0.328	−6.722**	0.000	0.779	1.284
유용성				0.138	2.193*	0.015	0.467	2.140
선호				0.136	2.249*	0.013	0.510	1.959
주관적 규범				0.095	1.772*	0.039	0.649	1.540
자기효능	0.584	0.572	45.013**	0.125	2.071*	0.020	0.510	1.959
가치				0.117	1.994*	0.024	0.540	1.853
접근성				0.005	0.092	0.463	0.631	1.584
용이성				0.041	0.724	0.235	0.577	1.733
가시성				−0.075	−1.199	0.116	0.478	2.092
주관적 규범×자발성				−0.050	−1.119	0.132	0.938	1.067
가시성× 자발성				−0.070	−1.569	0.059	0.926	1.080

상관관계	다중회귀분석결과(종속 변수: 이용 의도)												
	상관계수(pearson value)												
	이용 의도	자발성	두려움	유용성	선호	주관적 규범	자기 효능	가치	접근성	용이성	가시성	주관적 규범×자발성	가시성× 자발성
이용 의도	1												
자발성	0.587**	1											
두려움	−0.479**	−0.284**	1										
유용성	0.553**	0.488**	−0.179**	1									
선호	0.476**	0.472**	−0.012	0.614**	1								
주관적 규범	0.432**	0.415**	−0.069	0.490**	0.407**	1							
자기 효능	0.581**	0.578**	−0.388**	0.496**	0.460**	0.437**	1						
가치	0.499**	0.474**	−0.125**	0.598**	0.544**	0.481**	0.373**	1					
접근성	0.431**	0.465**	−0.235**	0.405**	0.417**	0.412**	0.521**	0.423**	1				
용이성	0.478**	0.444**	−0.229**	0.514**	0.405**	0.429**	0.509**	0.534**	0.574**	1			
가시성	0.437**	0.494**	−0.182**	0.521**	0.465**	0.637**	0.473**	0.531**	0.429**	0.429**	1		
주관적 규범×자발성	0.088	0.119*	−0.033	0.214**	0.146**	0.214**	0.125**	0.132**	0.084**	0.148**	0.190**	1	
가시성× 자발성	0.094	0.172**	−0.159**	0.123*	0.035	0.203**	0.133*	0.137*	0.137*	0.162**	0.186**	0.598**	1

* p<0.05, ** p<0.01

그런데, KMS 사용자들을 대상으로 한 본 연구에서도 기본적으로 유용성과 용이성이 이용 의도에 영향을 줄 것으로 기대하였으나, 유용성만이 이용 의도에 영향을 주는 것으로 나타났다. 이는 본 연구의 KMS 사용자들을 대상으로 한 전화인터뷰에서도 나타났듯이 사용자들은 용이성보다 KMS의 유용성을 더 중시하고 있어 이러한 결과를 산출했다고 유추해 볼 수 있다.

접근성 요인도 TPB 이론에 따라 이용 의도와 관계될 것으로 예상되었으나, 유용성에서 검증한 결과와 마찬가지로 유의하지 않았다. 즉, 용이성과 접근성이 유의하지 않은 것에 대해 본 연구는 현재의 조직들이 지식경영의 유효성을 높이고 효과적으로 KMS를 운영하기 위해 이미 사용자들에게 KMS 이용의 용이성과 자유로운 접근을 허용하고 있어 사용자들에게 이들 요인들은 중요하게 고려되지 않을 수 있다고 추정해 본다.

그러나 기존의 TAM에 대한 대부분의 연구들이 선행 요인들과 함께 유용성과 용이성 요인들이 이용 의도에 영향을 주며 이를 만족시키는 것으로 검증되어 왔다[Davis, Bagozzi, and Warshaw, 1992; Jackson, Chow, and Leitch, 1997; Igbaria et al., 1997; Straub, Limayem, and Karahanna-Evaristo, 1995; Straub, Keil, & Brenner, 1997; Szajna, 1996; Venkatesh, 1999; Venkatesh and Davis, 2000; Venkatesh and Morris, 2000; Venkatesh and Speier, 1999].

본 연구가 과거 TAM 연구들과 다른 결과를 산출함에 따라 기본적인 TAM 모형이 만족되는가를 검증하기 위해 추가 분석을 실시하였다. 분석 결과는 <표 15>와 같아 본 연구의 대상인 KMS 사용자들에 대한 조사에서도 기본적인 TAM의 가정들은 충족되는 것으로 나타났다.[51] 즉 용이성과 이용 의도와의 관계에서 용이성이 의미 없는 변수로 검증되지 않았다.

<표 15> TAM에 대한 검증 결과

회귀분석결과									
독립 변수		종속 변수	R^2	조정된 R^2	F값	표준화 Beta값	t값	p값	Tolerance	VIF
모형1	용이성	유용성	0.264	0.261	82.61**	0.514	9.089**	0.000		
		이용 의도	0.228	0.225	68.08**	0.478	8.252**	0.000		
모형2	용이성	이용 의도	0.357	0.352	63.62**	0.263	4.256**	0.000	0.736	0.024
	유용성					0.418	6.773**	0.000	0.736	0.021

* $p<0.05$, ** $p<0.01$

또한, 계층적 회귀분석을 실시한 <표 15>를 기초로 TAM의 기본 가정들 중 용이성을 통한 유용성의 이용 의도에 대한 매개 효과를 Baron and Kenny[1986]의 주장에 따라 이를 살펴보았을 때 유용성은 매개적 역할을 하고 있는 것으로 확인되었다. 즉, 이용 의도에 대한 유용성의 영향력은 용이성보다 큰 것으로 나

---

51) 본 연구의 설문에서는 실제 이용을 측정하고 있는데, 이는 기술통계 분석에서 논의한대로 일반 정보시스템을 이용한 경험을 바탕으로 본 설문에 응답하였는가를 확인하고자 실제 이용(이용 시간)을 질의한 것이었다. 이용 의도와 실제 이용 간의 회귀분석을 실시한 결과 R2= 0.023(p<0.05)으로 산출되어 실제로 미래 이용 관점인 이용 의도와 현재 이용인 실제 이용 간의 설명력은 미약한 것으로 분석되었다.

타났다. 독립 변수, 매개 변수와 종속 변수 간의 상관관계는 <표 14>에 나타났듯이 용이성과 유용성은 각각 이용 의도와의 상관 관계에서 유의하였으며, 용이성과 유용성 간의 상관관계에서도 유의한 것으로 나타났다.

또한, <표 15>의 모형2와 같이 용이성과 유용성이 함께 투입 되어 유용성이 이용 의도에 유의하였고, 모형2의 용이성이 이용 의도에 미치는 영향력은 모형1의 용이성과 이용 의도 간의 영향 보다 약화되었고, 유용성이 용이성보다 영향력이 큰 것으로 드 러나 유용성의 매개적 역할은 존재한다고 할 수 있는 것이다. 그 러면, TAM의 유용성과 용이성 이외에 본 연구에서 정립한 선 행 요인들과 이용 의도와 관련된 가설 검증 결과들을 논의하기 로 한다. 먼저, 감정 요인들은 이용 의도와 모두 유의하여 가설 H1b는 모두 채택되었다. 즉, 사용자의 KMS에 대한 선호와 두 려움은 각각 정과 부의 영향을 주는 것으로 나타났다.

이는 정보기술 이용과 정서 변수 간의 직접적인 인과관계를 검 증한 Compeau and Higgins[1995]의 연구 결과와 유사하다고 간 주해 볼 수 있다. 즉, 이들 연구자들과 동일하게 두려움도 이용 의도와 부(-)의 방향으로 유의함에 따라 사용자들이 KMS에서 두려움을 느낄수록 KMS 이용 의도는 감소된다고 할 수 있다.

이에 KMS를 운용하거나 도입하려는 조직들은 사용자들이 KMS를 좋아하고 즐거움을 느끼도록 시스템 자체에서 사용자들 이 재미(예: 오락적 요소)를 유발하는 도구들이 존재하도록 설계에서부터 고려하여야 할 것으로 전망된다. 이에 이 연구의 두 번째 연구 목적인 사용자의 감정 요인과 TAM과의 관련성에 대한 검증은 만족되었다고 할 수 있다.

또한, 본 연구의 세 번째 연구 목적인 TAM의 주요 두 신념 변수들과의 대등한 위치에서 사용자의 이용 의도에 영향을 줄 것으로 기대한 지각된 가치 요인에 대한 검증 결과는 <표 14>에 보인 바와 같이 용이성이 유의하지 않은 대신 가치 요인이 유의한 것으로 확인되어 가설 H6은 채택되었다.

본 연구에서 다룬 가치 요인은 마케팅 연구들을 응용하여 교환 관계 측면에서 사용자가 KMS를 이용하기 위해 투자(시간, 노력)한 만큼 사용자들에게 시스템이 이득(효익)으로 인식되는가를 조작화한 것이다. 이는 기존의 마케팅 연구들에서 주장된 소비자 가치가 구매의도에 영향을 준다는 시각과 동일선상에서 TAM 및 MIS 관점에서 시스템에 대한 사용자의 가치가 이용 의도에 영향을 준다는 것을 응용한 것이다[Anderson and Narus, 1998; Burton, Leitch, and Tuttle, 2001; Corfman and Lehmann, 1991; Flint, Woodruff and Gardial, 1997; Gronroos and Ravald, 1996; Kotler, 1994; Naumann, 1995; Vinson, Scott and Lamont, 1977; Woodruff and Gardial, 1996].[52]

---

52) 마케팅 연구들을 응용한 본 연구의 지각된 가치 요인이 이용 의도에 유의한 것은 초기에 Davis[1989]가 TAM을 제안할 때 여러 인접 영역들을 응용한 것처럼 향후의 연구에서도 사용자 관점에서 타 영역분야를 응용한 연구들은 의미 있는 연구로 고려될 것으로 기대된다.

이 연구에서 사용자들의 시스템에 대한 가치 지각은 이용 의도와 관련성을 갖는 것으로 드러나 의미 있는 변수로 간주되었다. 즉, 이 연구의 표본인 KMS 사용자들에게 있어 시스템이 사용자들에게 제공하는 가치는 중요하게 인식되는 것으로 나타났다. 그런데, KMS를 조직 정보시스템의 한 부류로 고려해 볼 경우 다른 부류의 정보시스템에서도 해당 시스템에서 사용자가 지각한 가치 요인은 이용 의도와 밀접한 관계를 가질 것으로 기대해 볼 수 있다. 향후의 연구에서도 이를 입증한 연구가 진행되어 의미 있는 결과를 산출한다면 조직은 정보시스템이 진정으로 사용자들에게 가치를 제공하고 있는가에 대한 신중한 검토가 필요할 것으로 판단된다.

자기효능 요인도 이용 의도에 유의하게 영향을 주는 요인으로 분석되어 연구 가설 H9c는 채택되었다. 이러한 자기효능 요인은 이용 의도뿐만 아니라 용이성 및 감정 등에서도 모두 의미 있는 변수로 검증됨에 따라 기존의 연구들에서 주장된 것과 동일하게 주요 변수로 간주된다고 할 수 있다[Compeau and Higgins, 1995; Compeau, Higgins, and Huff, 1999; Venkatesh, 2000; Venkatesh and Davis, 1996].

시스템에 대한 사용자의 높은 자신감은 사용자 스스로 시스템 용이성과 선호를 느끼며, 시스템을 이용하려는 의도도 증가한다고 판단해 볼 수 있다. 이에 조직은 KMS를 새로운 것으로 인지할 수 있는 사용자들에게는 이들의 자신감을 높일 수 있는 프로그램(교육 및 훈련) 개발에 적극적이어야 할 것이다. 이와 관련하여 Vandenbosch and Ginzberg[1996]의 연구는 종단적 조사를 통해 조직에 새롭게 도입된 그룹웨어 계열의 대표적인 시스템인 Lotus Notes에 대한 사용자들의 유용성 지각에서 차이를 보이며, 조직의 효율성과 효과성에서도 차이가 있음을 검증하였다.

그러나 이들은 그룹웨어의 협업능력에서는 유의하지 않음을 검증하여 새로운 정보시스템이 조직에 적합(Fit)되기 위해서는 사용자들에 대한 교육과 훈련의 필요함을 주장하였다. 또한, 주관적 규범과 가시성으로 구성된 사회적 영향 요인은 주관적 규범만이 이용 의도와 유의하여 연구 가설 H10c에서 세부가설 H10c-1만이 채택되었다.

과거의 TAM과 MIS 연구들에서 주관적 규범은 이용 의도에 영향을 주거나 그렇지 않다는 결과들을 산출하여 일관되지 않았으나, 본 연구의 KMS 사용자들을 대상으로 한 경우 주관적 규범은 사용자들의 이용 의도에 주요하게 영향을 주는 요인으로 검증되었다. 본 연구의 연구 가설 부문에서 주장한 바와 같이 주관적 규범은 그간 EUC 연구, GSS 연구 등에서 사용자 만족 및 이용 촉진과 주요하게 영향을 준다는 연구들과 같은 맥락을 보여 주었다고 할 수 있다[Amoroso, 1988; Cerveny and Sanders, 1986; Igbaria, 1994; Kwon and Zmud, 1987; Lucas, 1981; Nunamaker et al., 1996-97].

그리고 TAM2에서 Venkatesh and Davis[2000]는 조직이 도입한 정보시스템은 대부분의 경우에 그 이용에서 강제성을 띠지만, 사용자들의 정보시스템 이용 의도는 다양성을 가질 수 있어 사용자 스스로 도입된 정보시스템을 이용하려는 자발성은 중요하여 이 변수는 조절적 역할을 하는 것으로 간주하였다. 이들은 TAM2에서 주관적 규범과 이용 의도에서 자발성이 조절적 영향을 주는 것으로 고려하였고 이를 검증하였다.

이 연구에서는 주관적 규범과 가시성으로 구성된 사회적 영향과 이용 의도 간에 자발성이 조절 효과를 보여 이들 간의 관계를 증가시키고 있는가를 검증하였는데, 분석 결과에서는 사회적 영향 요인들과 자발성 간의 상호작용 효과에서 유의하지 않아 자발성의 조절 효과는 없는 것으로 검증되었다. 그리고 가시성 요인이 유의하지 않은 반면에 자발성 요인이 유용성과 이용 의도 모두에서 의미 있는 변수로 확인되었다.

특히, 이용 의도에서는 사용자의 자발성이 단계적 회귀분석에서 매우 유의한 변수로 분석되어 과거 혁신확산이론의 연구들에서 주장된 사용자들의 정보기술수용에서 자발성이 중요하다는 연구들과 동일한 결과를 보였다[Moore and Banbasat, 1991; Agarwarl and Prasad, 1997]. 즉, 사용자의 자발성은 강제적/자발적 상황에 관계없이 중요한 변수임이 확인되었다. 이에 KMS를 운영하는 조직들을 포함하여 일반 정보시스템을 새롭게 운영하려는 조직들도 내부적으로 사용자들의 자발성을 증대시킬 수 있는 방법을 모색하여야 할 것으로 판단된다.

4.3.4 가치와 선행 요인들과의 가설 검증

이 연구에서 지각된 가치 요인을 새롭게 추가하여 이 요인과 유의한 관계가 있을 것으로 기대한 선행 요인들과의 관련성을 검증한 결과 <표 16>과 같은 결과가 나타나 결과실연성 요인만을 제외하고 다른 요인들과는 유의한 관계가 있는 것으로 드러났다. 즉, 직무관련성, 정보 품질, 결과 품질, 보상 등의 변수들이 지각된 가치와 유의하였다.

결과실연성은 연구 가설의 배경에서 논의한대로 시스템으로부터 산출된 결과물의 유형성을 의미한다. 결과실연성은 Venkatesh and Davis[2000]의 TAM2 연구에서 유용성과 유의한 관계가 있는 것으로 분석되었다. 그러나 본 연구에서는 유용성과의 검증에서도 유의하지 않아 결과실연성으로 인해 사용자들은 KMS에 대해 가치를 지각하지도 못한다고 할 수 있다.

<표 16> 지각된 가치와 선행 요인들과의 회귀 및 상관관계
분석 결과

다중회귀분석결과(종속 변수: 가치)								
독립 변수	R^2	조정된 R^2	F값	표준화 Beta값	t값	p값	다중공선성 검증	
							Tolerance	VIF
정보 품질				0.240	3.635**	0.000	0.579	1.727
결과 품질				0.304	5.091**	0.000	0.705	1.419
직무관련성	0.429	0.419	42.572**	0.256	4.723**	0.000	0.856	1.168
보상				0.131	2.439**	0.008	0.876	1.142
결과실연성				0.069	1.320	0.094	0.916	1.092

상관관계	상관계수(pearson value)					
	가치	정보 품질	결과 품질	직무 관련성	보상	결과 실연성
가치	1					
정보 품질	0.545**	1				
결과 품질	0.504**	0.539**	1			
직무관련성	0.406**	0.374**	0.157*	1		
보상	0.310**	0.347**	0.232**	0.099	1	
결과실연성	0.188**	0.107	0.284**	0.016	0.069	1

* $p<0.05$, ** $p<0.01$

이러한 검증 결과로부터 유추해 볼 수 있는 것은 현재 국내 조직들이 운영하는 KMS가 산출하는 결과 유형성은 사용자들에게 크게 중요하지 않게 인식되거나, 고품질의 정보와 결과물을 보여주지 못하고 단지 결과만 보여주는 시스템은 사용자들로부터 유용성과 가치 지각을 느끼지 못하게 한다고 유추해 볼 수 있다. 즉, 사용자들은 결과 유형성보다 결과 품질에 더 많은 관심을 보인다고 할 수 있다.

그리고 본 연구에서 직무관련성은 가치 요인과의 관련성뿐만 아니라 유용성과의 분석에서도 유의하여 중요한 변수로 고려해 볼 수 있다. 이에 KMS가 사용자의 직무와 높게 관련될 경우 KMS에 대해 사용자들은 가치(이득 및 혜택)를 높게 지각할 것으로 기대한 가설 H3b는 채택되었다. KMS 사용자들을 대상으로 직무관련성이 유용성과 가치에서 모두 의미 있는 변수로 조사됨에 따라 조직이 도입·운영하려는 정보시스템은 사용자들의 직무와 밀접한 관계를 지속적으로 유지하여야 할 것으로 전망된다.

또한, KMS가 산출하는 정보와 결과 품질도 사용자의 지각된 가치와 매우 관련성이 높아 가설 H5b의 세부가설들은 모두 채택되었다. 이렇게 정보와 결과 품질이 MIS 관점에서 사용자가 지각한 가치와 유의한 것은 과거 마케팅 연구들에서 소비자들이 금전적으로 지불한 대가로 얻게 된 제품(서비스)의 품질 수준이 높아야 가치를 느낀다는 연구들과 부합된다고 할 수 있다[Dodds, Monroe, and Grewal, 1991; Zeithaml, 1988]. 동일한 시각에서 KMS를 이용하는 사용자들은 시스템으로부터 산출된 결과물들의 정보와 결과 품질에 많은 관심을 갖고 있으며, 이를 통해 사용자들은 KMS의 가치를 높게 지각한다고 판단해 볼 수 있다.

한편, 조직에서 사용자들의 KMS 이용을 적극적으로 독려하고 자신의 지식을 KMS에 제공하도록 하기 위한 외재적 동기 요인인 보상도 지각된 가치와의 관련성에서 유의하여 가설 H7도 채택되었다. 기존의 연구들 중 King[1999]과 Todd and Benbasat[1999]의 연구에서는 보상 요인이 사용자가 정보시스템에 체득된 데이터(정보 혹은 지식)의 제공과 DSS의 전략적 활용에서 유의하지 않다는 결과와 이 연구의 결과는 다르다고 할 수 있다.

KMS의 사용자 수용에서 보상 요인은 의미 있는 변수로 간주해 볼 수 있다. 이 같은 결과는 기존의 지식경영에 관한 서술적 연구들에서도 강조된 것으로 조직구성원들의 고유한 지식을 조직 내부에 공유·전파하기 위해 구성원들에게 보상과 같은 유인가를 제공하여야 한다는 주장들과도 부합된다고 할 수 있다 [Davenport and Prusak, 1998; Grover and Davenport, 2001; King, 1999].

본 연구에서 정립한 연구 가설들의 TAM2 분석방법에 따른 검증 결과들에 대해 그 채택여부를 요약하여 정리하면, <표 17>과 같다.

<표 17> 연구 가설의 검증 결과 요약

가설 번호	내용	채택 여부
H1a	사용자의 KMS에 대한 감정은 지각된 용이성에 영향을 줄 것이다.	부분 채택
H1a-1	사용자의 KMS에 대한 선호는 지각된 용이성에 정(+)의 영향을 줄 것이다.	채택
H1a-2	사용자의 KMS에 대한 두려움은 지각된 용이성에 부(−)의 영향을 줄 것이다.	기각
H1b	사용자의 KMS에 대한 감정은 이용 의도에 영향을 줄 것이다.	채택
H1b-1	사용자의 KMS에 대한 선호는 이용 의도에 정(+)의 영향을 줄 것이다.	채택
H1b-2	사용자의 KMS에 대한 두려움은 이용 의도에 부(−)의 영향을 줄 것이다.	채택
H2	이미지는 KMS에 대한 지각된 유용성에 정(+)의 영향을 줄 것이다.	채택
H3a	직무관련성은 KMS에 대한 지각된 유용성에 정(+)의 영향을 줄 것이다.	채택
H3b	직무관련성은 KMS에 대한 지각된 가치에 정(+)의 영향을 줄 것이다.	채택
H4a	결과실연성은 KMS에 대한 지각된 유용성에 정(+)의 영향을 줄 것이다.	기각
H4b	결과실연성은 KMS에 대한 지각된 가치에 정(+)의 영향을 줄 것이다.	기각
H5a	사용자가 KMS에서 지각한 품질은 지각된 유용성에 정(+)의 영향을 줄 것이다.	부분 채택
H5a-1	사용자가 KMS에서 지각한 정보 품질은 지각된 유용성에 정(+)의 영향을 줄 것이다.	채택
H5a-2	사용자가 KMS에서 지각한 결과 품질은 지각된 유용성에 정(+)의 영향을 줄 것이다.	기각
H5b	사용자가 KMS에서 지각한 품질은 가치에 정(+)의 영향을 줄 것이다.	채택
H5b-1	사용자가 KMS에서 지각한 정보 품질은 가치에 정(+)의 영향을 줄 것이다.	채택
H5b-2	사용자가 KMS에서 지각한 결과 품질은 가치에 정(+)의 영향을 줄 것이다.	채택
H6	KMS에 대한 사용자의 지각된 가치는 이용 의도에 정(+)의 영향을 줄 것이다.	채택
H7a	KMS에 대한 접근성은 지각된 유용성에 정(+)의 영향을 줄 것이다.	기각
H7b	KMS에 대한 접근성은 이용 의도에 정(+)의 영향을 줄 것이다.	기각
H8	사용자의 KMS 이용에 대한 조직의 보상은 지각된 가치에 정(+)의 영향을 줄 것이다.	채택

가설 번호	내용	채택 여부
H9a	사용자의 KMS에 대한 자기효능은 감정에 영향을 줄 것이다.	채택
H9a-1	사용자의 KMS에 대한 자기효능은 선호에 정(+)의 영향을 줄 것이다.	채택
H9a-2	사용자의 KMS에 대한 자기효능은 두려움에 부(−)의 영향을 줄 것이다.	채택
H9b	사용자의 KMS에 대한 자기효능은 지각된 용이성에 정(+)의 영향을 줄 것이다.	채택
H9c	사용자의 KMS에 대한 자기효능은 이용 의도에 정(+)의 영향을 줄 것이다.	채택
H10a	KMS에 대한 사회적 영향은 이미지에 정(+)의 영향을 줄 것이다.	부분 채택
H10a-1	KMS에 대한 주관적 규범은 이미지에 정(+)의 영향을 줄 것이다.	채택
H10a-2	KMS에 대한 가시성은 이미지에 정(+)의 영향을 줄 것이다.	기각
H10b	KMS에 대한 사회적 영향은 지각된 유용성에 정(+)의 영향을 줄 것이다.	부분 채택
H10b-1	KMS에 대한 주관적 규범은 지각된 유용성에 정(+)의 영향을 줄 것이다.	기각
H10b-2	KMS에 대한 가시성은 지각된 유용성에 정(+)의 영향을 줄 것이다.	채택
H10c	KMS에 대한 사회적 영향은 이용 의도에 정(+)의 영향을 줄 것이다.	부분 채택
H10c-1	KMS에 대한 주관적 규범은 이용 의도에 정(+)의 영향을 줄 것이다.	채택
H10c-2	KMS에 대한 가시성은 이용 의도에 정(+)의 영향을 줄 것이다.	기각
H11a	KMS에 대한 사용자의 자발성은 사회적 영향과 지각된 유용성 간에 조절적 영향을 줄 것이다.	기각
H11a-1	KMS에 대한 사용자의 자발성은 주관적 규범과 지각된 유용성 간에 조절적 영향을 줄 것이다.	기각
H11a-2	KMS에 대한 사용자의 자발성은 가시성과 지각된 유용성 간에 조절적 영향을 줄 것이다.	기각
H11b	KMS에 대한 사용자의 자발성은 사회적 영향과 이용 의도 간에 조절적 영향을 줄 것이다.	기각
H11b-1	KMS에 대한 사용자의 자발성은 주관적 규범과 이용 의도 간에 조절적 영향을 줄 것이다.	기각
H11b-2	KMS에 대한 사용자의 자발성은 가시성과 이용 의도 간에 조절적 영향을 줄 것이다.	기각

제5장 결 론

제1절 요약 및 함의

현재의 조직들은 대부분 규모에 관계없이 정보시스템을 도입·운영하고 있어 사용자들에 의한 정보시스템의 활용 극대화는 조직의 경쟁력과도 맞물려 있다. 조직은 전략적으로 정보시스템이 사용자들에 의해 수용되는 과정을 이해하고, 사용자 지향적인 정보시스템을 구축하여야 할 것이다. 이에 본 연구는 개인 수준에서 기술수용과정을 설명하는 MIS 연구의 대표적인 TAM 모형을 근간으로 KMS 사용자들을 대상으로 하여 사용자들의 KMS 수용에 주요하게 영향을 줄 수 있는 선행 요인들을 탐색하였다.

본 연구의 의의를 크게 두 가지 관점으로 논의하면, 첫 번째로 본 모델이 KMS를 운영하는 조직들에게 사용자 관점의 KMS 수용을 이해하고 사용자 중심의 시스템이 되도록 실무적 측면의 도움을 제공하였다고 판단된다. 두 번째는 학술적 부문에서 현재까지 많은 TAM 연구들이 진행되어 오늘에 이르고 있으나, 사용자들이 기술수용에서 주요하게 인지할 수 있는 요인 탐색에서 미진한 부분을 보완하였다는 점이다. 그 예로 본 연구의 연구목적들 중 두 번째와 세 번째 부분인 감정과 가치 요인에 대한 것

160

으로 분석 결과 이들 변수들은 TAM 내·외부 요인들로서 기능하며 중시될 변수로 분석되었다.

　KMS 영역 내에서 TAM과 관련하여 본 연구의 결과들에 대해 의미 있는 요인들을 중심으로 요약하면, 유용성에 영향을 주는 선행 요인들은 직무관련성, 가시성, 용이성, 정보 품질, 자발성, 이미지 등이 유의하였다. 먼저, 직무관련성은 사용자가 이용하고자 하는 정보시스템이 사용자의 업무와의 적합(Fit)되는 상황을 의미하는 것으로 이 변수는 유용성을 종속 변수로 하였을 경우 단계적 회귀분석에서 가장 유의한 변수로 나타났다. 또한, 본 연구에서 TAM의 두 신념 변수와 동등한 위치에서 이용 의도에 영향을 줄 것으로 기대한 지각된 가치 요인과도 유의한 변수로 드러나 밀접한 관련성을 갖는 것으로 나타났다. 또한, 직무관련성 요인은 TAM2 및 GSS 연구 등에서 중시한 사용자의 직무와 시스템이 적합 되어야 사용자들이 자신의 업무 성과 향상과 유용성을 지각한다는 연구들과 동일한 결과를 산출하여 KMS를 새롭게 도입하려는 조직들은 사용자들의 직무를 지원하는 시스템이 되어야 할 것으로 보인다.

　그리고 가시성은 주변인들의 시스템 이용 상황에 따라 사용자들이 영향을 받는다는 것을 의미하는데, 이 변수는 혁신확산이론에서 중시된 요인이라고 할 수 있다. 이에 주변인들의 직접적인 KMS 이용은 사용자들의 KMS 수용에 중요하게 영향을 준다고 할 수 있다. 이에 조직은 KMS가 사용자들에 의해 수용되어 그 이용이 조직에 확산되도록 노력하여야 할 것이다. TAM의 용이성도 유용성에 유의하였는데, 이는 그간의 TAM 연구들과 동일한 결과를 산출하여 TAM의 기본 가정은 만족되고 있음을 보였다.

용이성은 사용자가 시스템을 이용함에 많은 노력을 기울이지 않고도 시스템을 이용하는 것을 의미한다. 이에 KMS를 운영하려고 시작하는 조직들은 애초부터 사용자들이 용이성을 지각하는 주요 요인들은 어떠한 것들인가를 조사하여 이를 적극적으로 반영한 시스템을 설계하여야 할 것이다. 즉, KMS를 사용자들이 이용함에 있어 편리성을 느끼도록 조직은 쉬운 시스템을 구축하여야 할 것이다. 그리고 이러한 용이성은 그간 TAM 관련 과거의 많은 연구들에서 유의한 변수로 고려되어 왔고 본 연구에서도 기본적인 TAM을 분석한 결과에서도 의미 있는 변수로 밝혀졌다.

TAM2의 결과 품질이 유용성에 유의하다는 결과와 달리 본 연구에서 고려한 정보 품질이 유용성에 유의하여 고품질의 정보가 사용자의 KMS를 통한 유용성에 대한 지각이 증가하는 것으로 드러났다. 즉, KMS에서 산출된 정보의 품질 수준에 따라 사용자들은 자신의 업무 성과를 증대시킨다고 간주해 볼 수 있다. 그리고 TAM2를 반복하여 KMS 사용자들에게 이미지를 통한 유용성이 영향을 받는가를 검증한 결과 유의한 것으로 드러났다. 이러한 결과는 KMS를 이용하는 사용자들도 준거집단(reference group) 내에서 자신의 이미지 향상을 위해 노력하며 이미지 증대와 함께 유용성을 느끼는 것으로 이해해 볼 수 있다.

또한, KMS에서 사용자의 용이성에 영향을 미치는 요인들은

162

선호와 자기효능으로 나타났다. 선호는 TAM의 신념 변수와 달리 사용자의 시스템에 대한 감정상태를 의미한다. 선호 요인은 본 연구의 요인분석에서 KMS에 대한 호감과 즐거움 변수들이 한 개념으로 분석되어 새롭게 명명한 요인이다. 감정 요인들 중 두려움과 선호는 이용 의도와의 분석에서도 유의한 것으로 나타나 KMS에 대한 사용자들의 감정상태는 주요한 요인들로 간주해 볼 수 있다.

자기효능은 감정, 용이성, 이용 의도 요인들에 모두 유의하여 사용자들의 KMS에 대한 자신감이 높을수록 호의적이고 시스템이 쉽다는 생각과 KMS를 이용하려는 의도가 높아 조직은 사용자들의 자신감 향상을 위한 프로그램을 강화하여야 할 필요가 있다고 본다. 예를 들어, 조직이 새로운 정보시스템을 도입·운영하려는 경우 그 시스템이 사용자들에 의해 수용되고 확산되도록 조직은 사용자들을 위한 교육/훈련 프로그램을 강화하여 사용자들이 해당 시스템을 자신 있게 이용하도록 적극적으로 지원하여야 할 것이다.

이용 의도와 선행 요인들 간의 관계에서는 자발성, 두려움, 유용성, 선호, 주관적 규범, 자기효능, 가치 등의 요인들이 주요하였다. 용이성 부분에서 이용 의도와 관련되어 이미 논의된 자기효능을 제외하고 자발성, 두려움, 유용성, 선호, 주관적 규범, 가치를 중심으로 요약하면, 첫 번째로 이용 의도에 유의한 변수인 자발성은 유용성과의 관련성에서도 직접적으로 주요하게 유의한 변수로 분석되었다. 본 연구에서 이 요인은 유용성과 이용 의도에 사회적 영향 요인들과 함께 조절 효과가 있을 것으로 기대하였으나, 분석 결과 사회적 영향과 자발성은 유용성 및 이용 의도 등에서 조절적 역할을 하지 않는 것으로 나타났다.

하지만, 자발성은 과거 혁신확산이론에서 사용자들의 정보기술 수용에서 자발성이 중요하다는 연구들과 일맥상통하여 사용자들이 스스로 KMS를 이용하려는 의도를 높이기 위해 KMS를 운영하는 조직들은 KMS의 장점을 부각시켜야 할 것으로 전망된다. 두 번째로 이용 의도에 주요한 요인은 두려움 변수로 나타났다. 이 요인은 과거 MIS 및 TAM 연구들의 결과와 동일하여 부(−)의 방향으로 KMS 이용 의도에 영향을 주는 것으로 나타났다. 즉, 조직들은 KMS 이용에서 사용자들에게 걱정과 불안감을 감소시켜 주어야 사용자들에 의해 KMS가 채택되어 원활한 이용이 가능함을 시사해 준다고 할 수 있다.

또한, 두려움과 상반된 개념인 선호 요인도 이용 의도에 주요하여 정(+)의 영향을 주는 것으로 나타나 KMS를 운영하는 조직들은 KMS에 대한 두려움 해소와 KMS가 사용자들에게 호감과 즐거움을 제공해 줄 수 있는 도구(예: 오락적 요소)들의 개발이 필요한 것으로 보인다. 세 번째로 이용 의도에 유의한 변수는 유용성으로 나타났다. 유용성 요인은 KMS의 사용자 수용에 관한 본 연구의 탐색적 조사인 전화인터뷰에서도 주요한 요인이었다. 이 요인은 실제 분석에서도 KMS에 대한 사용자 수용에서 중시될 요인임이 드러나 최근의 TAM2 연구와 과거 TAM 연구들에서 용이성보다 유용성이 설명력이 더 크다는 연구들과 동일한 결과를 산출하였다. 그리고 주관적 규범 요인도 사용자의 이용 의도에 주요하게 영향을 주는 것으로 분석되어 사용자의 KMS 이용에서 간접적인 준거집단의 영향력도 무시할 수 없는 요인이라고 할 수 있다.

그리고 본 연구의 흥미로운 발견들 중 하나는 사회적 영향 요인을 구성하는 개념들 중 가시성은 유용성에, 주관적 규범은 이용 의도에 직접적으로 관련성을 갖는 것으로 드러났다는 점이다. 사회적 영향에 관한 연구 가설의 배경에서 논의되었듯이 과거 MIS 및 TAM 연구들에서 사회적 영향 요인은 사용자의 정보기술수용에서 일치된 결과를 보이지 않았는데, KMS 사용자들을 대상으로 한 본 연구에서도 기존 연구 결과들과 유사하여 기대했던 결과를 얻지 못했다.

이를 통해 이해할 수 있는 부분은 그간 기존의 MIS 연구들에서 사회적 영향 요인을 중요하게 다루어 사용자 정보기술수용에서 직접적으로 영향을 주는 변수로 중시하여 왔으나, 그 영향력이 중요하지 않을 수 있다는 점이다. 본 연구의 결과로 유추해 볼 때 사회적 영향에 의한 사용자의 KMS 수용보다 오히려 사용자들은 자발적으로 KMS가 직무와 관련성이 있거나 유용성이 높을 때 시스템을 채택하려는 의도가 매우 높다고 추정해 볼 수 있다. 결과적으로 과거 MIS 연구들에서 사회적 영향 요인의 역할이 과대평가되었던 부분이 존재한다고 할 수 있다. 즉, 사용자들은 사회적 영향 요인보다 스스로 자신의 업무와 밀접한 관계가 있거나 필요한 경우 언제든지 시스템을 수용하려는 의지가 높다고 판단해 볼 수 있다.

 교환관계 측면으로 조작화된 개념인 사용자의 KMS에 대한 지각된 가치 요인도 이용 의도에 유의하였다. 이 요인은 마케팅 연구들을 응용한 것으로 본 연구의 세 번째 연구목적인 TAM의 주요 두 신념 변수들과 동등한 위치에서 이용 의도에 영향을 주는가를 살펴보는 것이었다. 분석 결과 가치 요인은 TAM의 두 신념들 중 하나인 용이성이 유의하지 않은 대신 가치 요인이 더 의미 있는 변수임이 판명되어 본 연구의 세 번째 목적은 충족되는 것으로 드러났다. 이에 KMS를 새롭게 도입하려는 의도가 있는 조직이거나 현재 운영중인 조직들은 진정으로 KMS가 사용자들에게 이득으로 돌아가고 있는가에 대한 조사를 실시하여 시스템이 과연 사용자들에게 가치를 제공하는가에 대한 제고하여야 할 것으로 예상된다.

 마지막으로 사용자의 지각된 가치에 영향을 주는 선행 요인들은 정보 품질, 결과 품질, 직무관련성, 보상으로 나타났다. 직무관련성은 상기의 유용성에서 논의하여 정보와 결과 품질, 보상에 대해 언급하기로 한다. 이 연구에서 정보와 결과 품질은 KMS로부터 산출된 것을 바탕으로 사용자들이 지각한 품질 수준의 고·저를 의미한다. 이 연구에서 정보 및 결과 품질이 높을수록 사용자들의 가치는 증가하는 것으로 분석되어 조직은 초기 KMS 설계에서부터 운영까지 사용자들에게 고품질을 제공하는 시스템을 구축·운영하여야 할 것이다.

보상도 사용자의 지각된 가치와 유의하여 보상이 증가할수록 사용자들은 가치를 높게 느끼고 있어 KMS를 운영하는 조직들은 적절한 수준의 보상체계를 갖추고 있어야 할 것으로 전망된다. 더군다나 지식경영에서 외재적 동기 요인인 보상은 조직구성원들이라 할 수 있는 KMS 사용자들에게 이용 의도를 높임은 물론 사용자들의 내재화된 지식을 KMS에 제공하는 역할을 할 수도 있을 것으로 판단된다.

제2절 연구의 한계 및 향후 연구 과제

이 절에서 본 연구의 한계와 향후 연구방향을 다섯 가지 관점에서 함께 논의한다. 첫 번째 한계는 이 연구에서 다룬 TAM 연구가 KMS 영역을 다루고 있으나, 일반화된 이론으로 주장되고 있는 TAM2 요인들이 대부분 차용되고 있어 구체적으로 KMS 고유의 사용자 수용모델로서 인정받을 수 있는가에 관한 의문이다. 그러나 본문의 배경이론에서 언급했듯이 KMS도 조직에 있는 일반 정보시스템의 한 부류로 간주되고 있어 일반적인 요인들이 함께 공존하며, 본 연구에서 다룬 보상과 같은 일부 요인은 KMS 영역 내에서 고유한 요인이라 할 수 있다. 이에 TAM을 응용하여 특정 정보기술(혹은 시스템)을 다루는 차후의 연구들에서는 사용자들이 왜 그 기술을 이용하는가에 대한 심도 있는 탐색이 이루어져 해당 기술에 부합되는 주요 요인들을 찾을 필요가 있을 것으로 기대된다.

두 번째는 사용자에 따라 KMS 이용 상황이 다를 수 있는데, 이에 대한 분석을 실시하지 못했다는 점이다. 즉, 본문에서도 거론하였듯이 KMS에 지식을 제공하는 사용자들이 있는 반면에 이를 단지 이용만 하는 사용자들이 있을 수 있다. 즉, 이들 간의 TAM을 포함하여 외부 변수들에 대한 지각에서 차이가 있을 것이며, 이에 대해 조직은 적절한 반응을 하여야 할 것으로 기대된다. 향후에 KMS의 사용자 수용에 관한 연구에서 이를 반영한다면, 본 연구와 다른 차원으로 본 연구가 될 것으로 보인다.

세 번째는 본 연구에서 새로운 변수라고 주장된 감정(특히 정서) 요인은 초기 Davis[1989]의 TAM 모델에서 논의된 태도와 성격이 유사하여 제대로 사용자들의 시스템에 대한 감정 요인이 포함되고 있는가에 대한 의문이다. 하지만, 본 연구의 분석에서 감정은 정서와 즐거움이 한 요인인 선호와 두려움이라는 변수로 나누어지고 있어 기존 연구들의 정서, 즐거움, 두려움 등과 다른 결과를 보여주었다. 그리고 배경이론에서 논의됐듯이 사용자들의 행동에 영향을 주는 변수로 신념과 감정 요인이 주요함에 따라 향후의 TAM 연구에서는 세부적인 감정 요인에 관한 고찰 및 분석은 의미 있는 연구가 될 것으로 전망된다.

네 번째는 본 연구에서 다룬 사용자의 지각된 가치 요인이 과연 일반적 변수인지 아니면 KMS 영역에서만 적용되는 변수인가에 대한 의문이다. 이 요인은 마케팅 연구들을 응용하여 TAM 관점으로 본 연구에 적용하였는데, 본문의 가설 검증 부분에서 논의한대로 KMS의 사용자 수용에서 유의한 변수임을 확인하였다. 이러한 지각된 가치 요인은 마케팅의 연구들을 보면 소비자의 지각된 가치 요인은 서로 다른 대상들(예: 제품, 서비스, 브랜드 등)에서도 일반적 변수로 고려되고 있다. 이에 본 연구에서 다룬 가치 요인은 일반적 변수로 간주될 수 있어 미래의 연구에서는 이 연구에서 분석한 결과와 유사한 결과를 갖고 신뢰성과 타당성이 검증되는가를 재확인 할 필요가 있다고 본다.

다섯 번째는 본 연구의 모델이 유효하고 적합한가에 대한 검증이 결여되어 있다는 것이다. 즉 구조방정식모형으로 이 연구의 모델이 분석되지 못했는데, 그 이유는 TAM2 연구와 유사하게 많은 요인들을 고려하면서 상대적으로 적은 항목들로 구성되어 있는 본 연구 모형의 요인들이 모수 추정 시의 불안정성을 야기할 수 있어 모형의 적합성 여부를 제대로 검증하지 못하였다. 차후의 연구에서는 본 연구에서 제시한 일부 요인들에 대해 구조방정식모형으로 분석하는 것도 의미가 있을 것으로 판단된다.

참고문헌

1. 국내문헌

강병서·김계수, 통계분석을 위한 *SPSSWIN Easy*, 법문사, 1997.

김인수, "지식경영: 학문적 연계성과 연구방향", *지식경영연구*, 제1권, 제1호, 2000, pp.1-18.

김인재, "A Study of the Technology Acceptance of Object-Oriented Computing-The Case of Technology Acceptance Model-", *경영정보학연구*, 제10권, 제2호, 2000, pp.1-22.

김충련, *SAS라는 통계상자*, 데이터플러스, 1997.

박순창·정경수·이재록, "인터넷의 수용 요인에 관한 실증적 연구", *경영학연구*, 제29권, 제4호, 2000, pp.885-909.

백은희, "학업성취에 있어 인지-동기적 요인으로서의 자신감(self-efficacy)과 원인귀속(causal attribution)", *한국특수교육학회*, 제55집, 1991.

양희동·최인영, "사회적 영향이 정보시스템 수용에 미치는 영향", *경영정보학연구*, 제29권, 제4호, 2001, pp.165-184.

이영만, "교육대학생의 자기효능감과 학습양식의 관계", 2000, http://weB. Cue.ac.kr/~student/thes1.htm.

이유재, "상호작용효과를 포함한 다중회귀분석에서 주효과의 검증에 대한 연구", *경영학연구*, 제23권, 제4호, 1994, pp.183-210.

170

이종구, *SAS와 통계자료 분석*, 학지사, 2000.

이종삼, "학습전략훈련이 학습장애자의 수학 학업성취, 자기조정, 충동성 및 자기효능감에 미치는 효과", *교육학연구*, 제33권, 제3호, 1995, pp.179-205.

장시영·이정섭, "전자상거래와 전통적 상거래에서 고객이 지각한 가치 비교", *경영정보학연구*, 제10권, 제3호, 2000, pp.159-180.

2. 외국문헌

Adams, D. A., Nelson, R. R., and Todd, P. A. "Perceived Usefulness, Ease of Use, and Usage of Information Technology: A Replication", *MIS Quarterly*, Vol.16, No.2, 1992, pp.227-247.

Agarwal, R., and Karahanna, E. "Time Flies when You're Having Fun: Cognitive Absorption and Beliefs about Information Technology Usage", *MIS Quarterly*, Vol.24, No.4, 2000, pp.665-694.

Agarwal, R., and Prasad, J. "A Conceptual and Operation Definition of Personnal of Innovativeness in the Domain of Information Technology", *Information Systems Research*, Vol.9, No.2, 1998, pp.204-301.

Agarwal, R., and Prasad, J. "Are Individual Differences Germane to the Acceptance of New Information Technologies", *Decision Sciences*, Vol.30, No.2, 1999, pp.361-391.

Agarwal, R., and Prasad, J. "The Role of Innovation Characteristics and Perceived Voluntariness in the Acceptance of Information Technologies", *Decision Sciences,* Vol.28, No.3, 1997, pp.557-582.

Ajzen, I. *Attitude, Personality, and Behavior,* The Dorsey Press, Chicago, 1988.

Ajzen, I. "From Intentions to Actions: A Theory of Planned Behavior", in *Action Control: From Cognition to Behavior,* J. Kuhl and J. Beckmann(eds.) Springer Veriag, New York, 1985, pp.11-39.

Ajzen, I. "The Theory of Planned Behavior", *Organizational Behavior and Human Decision Processes,* Vol.50, No.2, 1991, pp.179-211.

Ajzen, I., and Fishbein, M. *Understanding Attitudes and Predicting Social Behavior,* Englewood Cliffs, N. J, Prentice-Hall, 1980.

Alavi, M., and Leidner, D. E. "Review: Knowledge Management and Knowledge Management Systems: Conceptual Foundations and Research Issues", *MIS Quarterly,* Vol.25, No.1, 2001, pp.107-136.

Allport, G. W. *Attitudes,* In Murchison, C.(ed.), A Handbook of Social Psychology, Worcester, MA. Clark University Press, 1935, pp.798-844.

Amoroso, D. L. "Organizational Issues of End-User Computing", *Database,* Vol.19, No.3/4, 1988, pp.49-58.

Anandarajan, M., Igbaria, M., and Anakwe, U. P. "IT Acceptance in a Less-Developed Country: A Motivational Factor Perspective", *International Journal of Information Management*, Vol.22, No.1, 2002, pp.47-65.

Anderson, J. C. and Narus, J. A., "Business Marketing: Understanding What Customer Value Is", *Harvard Business Review*, November-December 1998.

Bagozzi, R. P. "A Field Investigation of Causal Relation among Cognitions, Affect, Intention, and Behavior", *Journal of Marketing Research*, Vol.20, No.2, 1982, pp.562-584.

Bagozzi, R. P. "Attitude, Intentions and Behavior: A Test of Some Key Hypothesis", *Journal of Personality and Social Psychology*, Vol.41, No.4, 1981, pp.607-627.

Bandura, A. *Social Foundations of Thought and Action*, Englewood Cliffs, NJ, Prentice Hall, 1986.

Bandura, A. "Self-Efficacy: Toward a unifying theory of behavioral change", *Psychological Review*, Vol.84, No.2, 1977, pp.191-215.

Baroudi, J., Olson, M., and Ives, B. "An Empirical Study of the Impact of User Involvement on System Usage and Information Satisfaction", *Communication of the ACM*, Vol.29, No.3, 1986, pp.232-238.

Batenburg, R. S., and Bongers, F. J. "The Role of GSS in Participatory Policy Analysis: A Field Experiment", *Information and Management*, Vol.39, No.1, 2001, pp.15-30.

Batra, R., and Ahtola, O. T. "Measuring the Hedonic and Utilitarian Sources of Consumer Attitudes", *Marketing Letter*, Vol.2, No.1, 1990, pp.159-170.

Bem, D. J. "Self-Perception Theory", in *Advances in Experimental Social Psychology* L. Berkowitz(ed.), Academic Press, New York, 1972, pp.1-62.

Berger, I. E. "The Nature of Attitude-Accessibility and Attitude Confidence: A Triangulated Experiment", *Journal of Consumer Psychology*, Vol.1, No.1, 1992, pp.103-124.

Betz, N. E., and Hackett, G. "The Relationships of Career-related Self-efficacy Expectations to Perceived Career Options in College Women and Men", *Journal of Counseling Psychology*, Vol.28, No.5, 1981, pp.399-410.

Brancheau, J. C., and Wetherbe, J. C. "The Adoption of Spreadsheet Software: Testing Innovation Diffusion Theory in the Context of End-User Computing", *Information Systems Research*, Vol.1, No.2, 1990, pp.115-143.

Briggs, R. O., Adkins, M., Mittleman, D., Kruse, J., Miller, S., and Nunamaker, J. F., Jr. "A Technology Transition Model derived from Field Investigation of GSS Use abroad U. S. S. Coronado", *Journal of Management Information Systems*, Vol.15, No.3, 1998-99, pp.151-196.

Cerveny and Sanders, "Determinants of the Effectiveness of Personal Decision Support Systems", *Information and*

174

Management, Vol.11, No.4, 1986, pp.191-198.

Chan, Y. E., "IT Value: The Great Divide Between Qualitative and Quantitative and Individual and Organizational Measures", *Journal of Management Information Systems,* Vol.16, No.4, 2000, pp.225-261.

Chau, P. Y. K., and Hu, P. J. "Examining a Moodel of Information Technology Acceptance by Individual Professionals: An Exploratory Study", *Journal of Management Information Systems,* Vol.18, No.4, 2002, pp.191-229.

Chau, P. Y. K., Au, G., and Tam, K. Y. "Impact of Information Presentation Modes on Online Shopping: An Empirical Evaluation of a Broadband Interactive Shopping Service", *Journal of Organizational Computing and Electronic Commerce,* Vol.10, No.1, 2000, pp.1-22.

Choo, C. W., Detlor, B., and Turnbull, D. *Web Work: Information Seeking and Knowledge Work on the World Wide Web,* Kluwer Academic Publishers, Dordrencht, 2000.

Compeau, D. R., and Higgins, C. A. "Computer Self-Efficacy: Development of a Measure and Initial Test", *MIS Quarterly,* Vol.19, No.2, 1995, pp.189-211.

Compeau, D. R., Higgins, C. A., and Huff, S. "Social Cognitive Theory and Individual Reactions to Computing Technology: A Longitudinal Study", *MIS Quarterly,* Vol.23, No.2, 1999, pp.145-158.

Corfman, K. P. and Lehmann D. R., "Values, Utility, and Ownership: Modeling the Relationships for Consumer Durables", *Journal of Retailing,* Vol.67, No.2, 1991, pp.184-204.

Culnan, M. J. "Chauffeured Versus End User Access to Commercial Databases: The Effects of Task and Individual Differences", *MIS Quarterly,* Vol.7, No.1, 1983, pp.55-67.

Davenport, T. H., and Prusak, L. *Working Knowledge,* Harvard Business School Press, Boston, 1998.

Davern, M. J. and Kauffman, R. J., "Discovering Potential and Realizing Value from Information Technology Investments", *Journal of Management Information Systems,* Vol.16, No.4, 2000, pp.121-143.

Davis, F. D. "Perceived Usefulness, Perceived Ease of Use, and User Acceptance of Information Technology", *MIS Quarterly,* Vol.13, No.3, 1989, pp.319-340.

Davis, F. D., Bagozzi, R. P., and Warshaw, P. P. "User Acceptance of Computer Technology: A Comparison of Two Theoretical Models", *Management Science,* Vol.30, No.2, 1992, pp.361-391.

Davis, G. B., and Olson, M. H., *Management Information Systems-Conceptual Foundations, Structure, and Development,* McGraw-Hill, Second Edition, 1985.

Deci, E. L. *Intrinsic Motivation,* Plenum, New York, 1975.

Delone, W. H., and McLean, E. R. "Information Systems Success:

The Quest for the Dependent Variable", *Information Systems Research,* Vol.3, No.1, 1992, pp.60-94.

Dennis, A. R., and Wheeler, B. C. "Groupware and the Internet: Charting a New World", *Proceedings of the Thirtieth Hawaii International Conference on System Sciences,* 1997.

Dennis, A. R., George, J. F., Jessup, L. M., Nunamaker, Jr., J. F., and Vogel, D. R. "Information Technology to Support Electronic Meetings", *MIS Quarterly,* Vol.12, No.4, 1988, pp.591-624.

Dennis, A. R., Wixom, B. H., and Vandenberg, R. J. "Understanding Fit and Appropriation Effects in Group Support Systems via Meta-Analysis", *MIS Quarterly,* Vol.25, No.2, 2001, pp.167-193.

DeSanctis, G., and Poole, M. S. "Capturing the Complexity in Advanced Structuration Theory", *Organization Science,* Vol.5, No.2, 1994, pp.121-147.

DeSanctis, G., and Gallupe, R. B. "A Foundation for the Study of Group Decision Support Systems", *Management Science,* Vol.33, No.3, 1987, pp.589-609.

Deutsch, M., and Gerard, H. B. "A Study of Normative and Informational Social Influences upon Individual Judgment", *Journal of Abnormal and Social Psychology,* Vol.63, No.3, 1955, pp.754-765.

Dodds, W. B., Monroe, K. B., and Grewal, D., "Effect of

Price, Brand, and Store Information on Buyer's Product Evaluations", *Journal of Marketing Research*, Vol.28, No.3, 1991, pp.307-319.

Edell, J. A., and Burke, M. C. "The Power of Feelings in Understanding Advertising Effects", *Journal of Consumer Research*, Vol.14, No.4, 1993, pp.421-433.

Engel, J. F., Blackwell, R. D., and Miniard, P. W. *Consumer Behavior*, The Dryden Press, Harcourt Brace College Publishers, 1995.

Fazio, R. H., and Zanna, M. P. "On the Predictive Validity of Attitudes: The Roles of Direct Experience and Confidence", *Journal of Personality*, Vol.46, No.2, 1978, pp.228-243.

Festinger, L. A. *A Theory of Cognitive Dissonance*, Stanford University Press, Stanford, CA, 1976.

Fishbein, M. "An Investigation of the Relationships between Beliefs about an Object and the Attitude toward That Object", *Human Relations*, Vol.16, No.2, 1963, pp.233-240.

Fishbein, M., and Ajzen, I., *Belief, Attitude, Intention, and Behavior: An Introduction to Theory and Research*, Addison-Wesley, 1975.

Fisher, F., Lind, M., and Zmud, R. "Microcomputer Adoption-The Impact of Organizational Size and Structure", *Information and Management*, Vol.16, No.3, 1989, pp.157-162.

Fjermestad, J., and Hiltz, S. R. "An Analysis of the Effects of Mode of Communication on Group Decision Making",

Proceedings of the 31st Hawaii International Conference on System Sciences, 1998.

Fjermestad, J., and Hiltz, S. R. "An Assessment of Group Support Systems Research: Results", *Proceedings of the 32nd Hawaii International Conference on System Sciences*, 1999.

Fjermestad, J., and Hiltz, S. R. "Case and Field Studies of Group Support Systems: An Empirical Assessment", *Proceedings of the 33rd Hawaii International Conference on System Sciences*, 2000.

Flint, D. J., Woodruff, R. B. and Gardial, S. F., "Customer Value Change in Industrial Marketing Relationships", *Industrial Marketing Management*, Vol.26, No.2, 1997, pp.163-175.

Gefen, D., and Straub, D. W. "Gender Difference in the Perception and Use of E-mail: An Extension to the Technology Acceptance Model", *MIS Quarterly*, Vol.21, No.4, 1997, pp.389-400.

Goodhue, D., and Thompson, R. L. "Task-Technology Fit and Individual Performance", *MIS Quarterly*, Vol.19, No.2, 1995, pp.213-236.

Goodhue, D. L. "IS Attitudes: Toward Theoretical and Definition Clarity", *Data Base*, Vol.19, No.3, 1988, pp.6-15.

Goodhue, D. L. "Understanding User Evaluations of Information Systems", *Management Science*, Vol.41, No.12, 1995, pp.1827-1844.

Greenwald, M., and Katosh, J. P. "How to Track Changes in Attitudes", *American Demographics*, Vol.9, No.1, 1987, pp.46-47.

Gronroos, C. and Ravald, A., "The Value Concept and Relationship Marketing", *European Journal of Marketing*, Vol.30, No.2, 1994, pp.19-30.

Grover, V., and Davenport, T. H. "General Perspective on Knowledge Management: Fostering a Research Agenda", *Journal of Management Information Systems*, Vol.18, No.1, 2001, pp.5-21.

Hackbarth, G. "The Impact of Organizational Memory on IT Systems", in *Proceedings of the Fourth Americans Conference on Information Systems*, E. Hoadley and I Benbasat(eds.), August 1998, pp.588-590.

Hartwick, J., and Barki, H. "Explaining the Role of User Participation in Information System Use", *Management Science*, Vol.40, No.4, 1994, pp.1827-1844.

Hayes, N. "Boundless and Bounded Interactions in the Knowledge Work Process: The Role of Groupware Technologies", *Information and Organization*, Vol.11, No.2, 2001, pp.79-101.

Hayes, N., and Walsham, G. "Participation in Groupware-Mediated Communities of Practice: A Socio-Political Analysis of Knowledge Working", *Information and Organization*, Vol.11,

180

No.3, 2001, pp.263-288.

Hilmer, K. M., and Dennis, A. R. "Stimulating Thinking: Cultivating Better Decisions with Groupware Through Categorization", *Journal of Management Information Systems*, Vol.17, No.3, 2000-01, pp.93-114.

Hitt, L. M. and Brynjolfsson, E., "Productivity, Business Profitability, and Consumer Surplus: Three Different Measures of Information Technology Value", *MIS Quarterly*, Vol.20, No.2, 1996, pp.121-142.

Holbrook, M. B., and Hirschman, E. C. "The Experiential Aspects of Consumption: Consumer Fantasies, Feelings, and Fun", *Journal of Consumer Research*, Vol.9, No.3, 1982, pp.132-140.

Hong, Thong, Wong, and Tam, "Determinants of User Acceptance of Digital Libraries: An Empirical Examination of Individual Differences and System Characteristics", *Journal of Management Information Systems*, Vol.17, No.3, 2001-02, pp.93-114.

Huber, G. P. "Organizational Learning: The Contributing Processes and the Literatures", *Organizational Science*, Vol.2, No.1, 1991, pp.88-115.

Iacovou, C., Benbasat, J., and Dexter, A. "Electronic Data Interchange and Small Organizations: Adoption and Impact of Technology", *MIS Quarterly*, Vol.19, No.4, 1995, pp.465-483.

Igbaria, M. "An Examination of the Factors Contributing to Technology Acceptance", *Accounting, Management and Information Technologies,* Vol.4, No.4, 1994, pp.205-224.

Igbaria, M., Guimaraes, T., and Davis, G. "Testing the Determinant of Microcomputer Usage via a Structural Equation Model", *Journal of Management Information Systems,* Vol.1, No.4, 1995, pp.87-114.

Igbaria, M., Zinatelli, N., Cragg, P., and Cavaye, A. L. M. "Personal Computing Acceptance Factors in Small Firms: A Structure Equation Model", *MIS Quarterly,* Vol.21, No.3, 1997, pp.279-305.

Jackson, C. M., Chow, S., and Leitch, R. A. "Toward an Understanding of the Behavioral Intention to Use an Information System", *Decision Sciences,* Vol.28, No.2, 1997, pp.357-389.

Jarvenpaa, S. L., and Staples, S. L. "Exploring Perceptions of Organizational Ownership of Information and Expertise", *Journal of Management Information Systems,* Vol.18, No.1, 2001, pp.151-183.

Johansen, R. "An Introduction to Computer-Augmented Teamwork", in *Computer-augmented Teamwork: A Guided Tour,* R. P. Bostrom, R. T. Watson, and S. T. Kinney(eds.), Van Nostrand Reinhold, New York, 1992, pp.5-15.

Karahanna, E., Straub, D. W., and Chervany, N. L. "Information Technology Adoption Across Time: A Cross-Sectional

Comparison of Pre-Adoption and Post-Adoption Beliefs", *MIS Quarterly*, Vol.23, No.2, 1999, pp.183-213.

Kettinger, W. J., Grover, V., Guha, S., and Segars, A. H. "Strategic Information Systems Revisited: A Study in Sustainability and Performance", *MIS Quarterly*, Vol.18, No.1, 1994, pp.31-58.

Kiel, G. G., and Layton, R. A. "Dimensions of Consumer Information Seeking Behavior", *Journal of Marketing Research*, Vol.18, No.2, 1981, pp.233-239.

Kieras, D. E., and Polson, P. G. "An Approach to the Formal Analysis of User Complexity", *International Journal of Man-Machine Study*, Vol.22, No.3, 1985, pp.365-394.

King, A. "Retrieving and Transferring Embodied Data: Implications for the Management of Interdependence within Organizations", *Management Science*, Vol.45, No.7, 1999, pp.918-935.

King, W. R., and Sabherwal, R. "The Factors Affecting Strategic Information System: An Empirical Assessment", *Information and Management*, Vol.23, No.4, 1992, pp.217-235.

King, W. R., Grover, V., and Hufnagel, E. H. "Using Information and Information Technology for Sustainable Competitive Advantage: Some Empirical Evidence", *Information and Management*, Vol.17, No.3, 1989, pp.87-93.

Koufaris, M. "Applying the Technology Acceptance Model and Flow Theory to Online Consumer Behavior", *Information Systems Research*, Vol.13, No.2, 2002, pp.205-223.

Kraemer, K. L., Danziger, J. N., Dunkle, D. E., and King, J. L. "The Usefulness of Computer-Based Information to Public Managers", *MIS Quarterly,* Vol.17, No.2, 1993, pp.129-148.

Krogh, G. V. "Care in Knowledge Creation", Vol.40, Iss. 3, *California Management Review,* 1998, pp.133-153.

Kwon, T. H., and Zmud, R. W. "Unifying the Fragmented Models of Information Systems Implementation", in *Critical Issues in Information Systems Research,* R. J. Boland, Jr. and R. A. Hirscheim(eds.), Wiley, New York, 1987.

Leonard-Barton, D., and Deschamps, I. "Managerial Influence in the Implementation of New Technology", *Management Science,* Vol.40, No.4, 1988, pp.1252-1265.

Lucas, H., "Empirical Evidence for a Descriptive Model of Implementation", *MIS Quarterly,* Vol.2, No.2, 1978, pp.26-37.

Lucas, H. C. *Implementation: The Key to Successful Information Systems Research,* McGraw-Hill, New York, 1981.

Madden, T. J., Scholder, P. S., and Ajzen, I. "A Comparison of the Theory of Planned Behavior and the Theory of Reasoned Behavior", *Personality and Social Psychology Bullitin,* Vol.18, No.1, 1992, pp.3-9.

Mahajan, V., Muller, E., and Bass, F. M. "New Product Diffusion Models in Marketing: A Review and Directions for Research", *Journal of Marketing,* Vol.54, No.1, 1990, pp.1-26.

Mahmood, M. A., Hall, L., and Swanberg, D. L. "Factors Affecting Information Technology Usage: A Meta-Analysis of the Empirical Literature", *Journal of Organization Computing and Electronic Commerce,* Vol.11, No.2, 2001, pp.107-130.

Mano, H. and Oliver, R. L. "Assessing the Dimensionality and Structure of the Consumption Experience: Evaluation, Feelings, and Satisfaction", *Journal of Consumer Research,* Vol.20, No.4, 1993, pp.451-466.

Mathieson, K. "Predicting User Intentions: Comparing the Technology Acceptance Model with the Theory of Planned Behavior", *Information Systems Research,* Vol.2, No.3, 1991, pp.173-191.

McGrath, J. E., and Hollingshead, A. B. *Group Interacting with Technology: Ideas, Evidence, Issues, and an Agenda,* Sage Publications, Thousand Oaks, CA, 1994.

McGuire, W. J. "Inducing Resistance to Persuasion: Some Contemporary Approaches", *Advances in Experimental Social Psychology,* Vol.1, No.2, 1964, pp.191-229.

Miniard, P. W., Obermiller, C., and Page, T. J. "A Further Assessment of Measurement Influences on the Intention- Behavior Relationship", *Journal of Marketing Research,* Vol.20, No.2, 1983, pp.206-212.

Moore, G. G., and Benbasat, I. "Development of an Instrument to Measure the Perceptions of Adopting an Information Technology Innovation", *Information Systems Research,* Vol.2, No.3, 1991, pp.192-222.

Nair, K. U., and Ramnarayan, S. "Individual Differences in Need for Cognition and Complex Problem Solving", *Journal of Research in Personality,* Vol.34, 2000, pp.305-328.

Naumann, E., *Creating Customer Value The Path to Sustainable Competitive Advantage,* Thomson Executive Press, 1995.

Nonaka, I. "A Dynamic Theory of Organizational Knowledge Creation", *Organizational Science,* Vol.5, No.10, 1994, pp.14-37.

Nunamaker, J. F., Jr. Briggs, R. O., Mittleman, D. D., Vogel, D. R., and Balthazard, P. A. "Lessons from a Dozen Years of Group Support Systems Research: A Discussion of Lab and Field Findings", *Journal of Management Information Systems,* Vol.13, No.3, 1996-97, pp.163-207.

Nunamaker, J. F., Jr. "Future Research in Group Support Systems: Needs, Some Question and Possible Directions", *International Journal of Human-Computer Studies,* Vol.47, No.3, 1997, pp.357-385.

Parthasarathy, M., and Bhattacherjee, A. "Understanding Post-Adoption Behavior in the Context of Online Services", *Information Systems Research,* Vol.9, No.4, 1998, pp.362-379.

Petrovic, O., and Krickl, R. "Traditional-Moderated versus Computer

186

Supported Brainstorming: A Comparative Study", *Information and Management,* Vol.27, No.4, 1994, pp.233-243.

Pinsonneault, A., and Kraemer, K. "The Impact of Technologies Support on Groups: An Assessment of the Empirical Research", *Decision Support Systems,* Vol.5, No.2, 1989, pp.197-216.

Plouffe, C. R., Hulland, J. S., and Vandenbosch, M. "Research Report: Richness versus Parsimony in Modeling Technology Adoption Decisions-Understanding Merchant Adoption of a Smart Card-Based Payment System", *Information Systems Research,* Vol.12, No.2, 2001, pp.208-222.

Polson, P. G. A Quantitative Theory of Human-Computer Interaction., J. M., Carroll, ed. *Interfacing Thought.* MIT Press, Cambridge, MA., 1987, pp.184-235.

Rai, A., and Patnayakuni, R. "A Structural Model for CASE Adoption Behavior", *Journal of Management Information Systems,* Vol.13, No.2, 1996, pp.205-234.

Rana, A., Turoff, M., and Hiltz, S. R., "Task and Technology Interaction(TTI): A Theory of Technological Support for Group Tasks", *Proceeding of the Thirtieth Annual Hawaii International Conference on Systems Sciences,* Volume II. 1997, pp.66-76.

Robey, D. "User Attitude and Management Information System Use", *Academy Management of Journal,* Vol.22, No.3, 1979, pp.16-28.

Rogers, E. M. *Diffusion of Innovations*, 4th ed. The Free Press, New York, 1983.

Romano, Jr. N. C., Roussinov, D., Nunamaker, Jr. J. F., and Chen, H. "Collaborative Information Retrieval Environment: Integration of Information Retrieval with Group Support Systems", *Proceedings of the 32nd Hawaii International Conference on System Sciences*, 1999.

Rosenberg, M. J., and Hovland, C. I. "Cognitive, Affective and Behavioral Components of Attitudes." In Hovland, C. I. and Rosenberg, M. J.(eds.) *Attitude Organizational and Change*, New Haven, CT, Yale University Press, 1960, pp.1-14.

Ryan, M. J., and Bonfield, E. H. "The Fishbein Extended Model and Consumer Behavior", *Journal of Consumer Research*, Vol.2, No.2, 1975, pp.118-136.

Saltzer, E. "Cognitive Moderators of the Relationship between Behavioral Intentions and Behavior", *Journal of Personality and Social Psychology*, Vol.41, No.2, 1981, pp.260-271.

Schiffman, S., Meile, L., and Igbaria, M. "An Examination of End-User Types", *Information and Management*, Vol.22, No.4, 1992, pp.207-215.

Schultz, R. L,, and Slevin, D. P. "Implementation and Organizational Validity: An Empirical Investigation" in *Implementing Operating and Research/Management Science*, R. L. Schultz and D. P. Slevin (eds), American Elsevier Publishing Co.,

188

New York, NY, 1975, pp.153-182.

Seddon, P. B. "A Respecification and Extension of the DeLone and McLean Model of IS Success", *Information Systems Research,* Vol.8, No.3, 1997, pp.240-253.

Silver, M. S. "Decision Support Systems: Directed and Nondirected Change", *Information Systems Research,* Vol.1, No.1, 1990, pp.47-70.

Silver, M. S. "Decisional Guidance for Computer-based Decision Support", *MIS Quarterly,* Vol.15, No.1, 1991, pp.105-122.

Smith, R. E., and Swinyard, R. S. "Attitude-Behavior Consistency: The Impact of Product Trial versus Advertising", *Journal of Marketing Research,* Vol.20, No.2, 1983, pp.257-267.

Snitkin, S., and King, W. "Determinants of the Effectiveness of Personal Decision Support Systems", *Information and Management,* Vol.10, No.5, 1986, pp.83-89.

Stenmark, D. "Information vs. Knowledge: The Role of Intranets in Knowledge Management", *Proceedings of the 35th Hawaii International Conference on System Sciences,* 2002.

Straub, D., and Karahanna, E. "Knowledge Worker Communications and Recipient Availability: Toward a Task Closure Explanation of Media Choice", *Organizational Science,* Vol.9, No.2, 1998, pp.160-175.

Straub, D., Keil, M., and Brenner, W. H. "Testing the Technology Acceptance Model across Cultures: A Three-Country

Study", *Information and Management*, Vol.33, No.1, 1997, pp.1-11.

Straub, D., Limayem, M., and Karahanna-Evaristo, E. "Measuring System Usage: Implications for IS Theory Testing", *Management Science*, Vol.41, No.8, 1995, pp.1328-1342.

Szajna, B. "Empirical Evaluation of the Revised Technology Acceptance Model", *Management Science*, Vol.42, No.1, 1996, pp.85-92.

Tavakolian, H. "Linking the Information Technology Structure with Organizational Strategy: A Survey", *MIS Quarterly*, Vol.13, No.3, 1989, pp.309-317.

Taylor, S., and Todd, P. "Understanding Information Technology Usage: A Test of Competing Models", *Information Systems Research*, Vol.6, No.2, 1995, pp.144-176.

Thompson, R. L., Higgins, C. A., and Howell, J. M. "Personal Computing: Toward a Conceptual Model of Utilization", *MIS Quarterly*, Vol.15, No.1, 1991, pp.125-143.

Todd, P., and Benbasat, I. "Evaluating the Impact of DSS, Cognitive Effort, and Incentives on Strategy Selection", *Information Systems Research*, Vol.10, No.4, 2000, pp.356-374.

Triandis, H. C. *Attitude and Attitude Change*, John Wiley and Sons, Inc, New York, NY, 1971.

Triandis, H. C. "Values, Attitudes, and Interpersonal Behavior", Nebraska Symposium on Motivation, 1979: *Beliefs, Attitudes, and Values,* University of Nebraska Press, Lincoln, NE, 1980, pp.195-259.

Urbany, J. E., Dickson, P. R., and Wilkie, W. L. "Buyer Uncertainty and Information Search", *Journal of Consumer Research,* Vol.16, No.3, 1989, pp.208-215.

Vandenbosch, B., and Ginzberg, M. J. "Lotus Notes and Collaboration: *Plus Ca change……",* *Journal of Management Information Systems,* Vol.13, No.3, 1996-97, pp.65-81.

Venkatesh, V. "Creation of Favorable User Perceptions: Exploring the Role of Intrinsic Motivation", *MIS Quarterly,* Vol.23, No.3, 1999, pp.319-340.

Venkatesh, V. "Determinants of Perceived Ease of Use: Integrating Control, Intrinsic Motivation, and Emotion into the Technology Acceptance Model", *Information Systems Research,* Vol.11, No.4, 2000, pp.342-365.

Venkatesh, V., and Brown, S. A. "A Longitudinal Investigation of Personal Computers in Homes: Adoption Determinants and Emerging Challenges", *MIS Quarterly,* Vol.25, No.1, 2001, pp.71-102.

Venkatesh, V., and Davis, F. D. "A Model of the Antecedents of Perceived Ease of Use: Development and Test", *Decision Sciences,* Vol.27, No.3, 1996, pp.451-481.

Venkatesh, V., and Davis, F. D. "A Theoretical Extension of the Technology Acceptance Model: Four Longitudinal Field Studies", *Management Science,* Vol.46, No.2,

2000, pp.186-204.

Venkatesh, V., and Morris, M. G. "Why Don't Men ever Stop to Ask for Directions: Gender, Social Influence", *MIS Quarterly*, Vol.24, No.1, 2000, pp.115-139.

Venkatesh, V., and Speier, C. "Computer Technology Training in the Workplace: A Longitudinal Investigation of the Effect of Mood", *Organizational Behavior and Human Decision Processes*, Vol.79, No.1, 1999, pp.1-28.

Venkatraman, N. "The Concept of Fit in Strategy Research: Toward Verbal and Statistical Correspondence", *Academy of Management Review*, Vol.14, No.3, 1989, pp.423-444.

Vessey, I. "Cognitive Fit: A Theory-Based Analysis of the Graphs versus Tables Literature", *Decision Sciences*, Vol.22, No.2, 1991, pp.219-240.

Vickers, B. "Designing Layered Functionality Within Group Decision Support Systems", *Decision Support Systems*, Vol.11, No.1, 1994, pp.83-99.

Vinson, D. E., Scott, J. E. and Lamont, L. M., "The Role of Personal Values in Marketing and Consumer Behavior", *Journal of Marketing*, Vol.41, April 1977, pp.44-50.

Warshaw, P. P. "A New Model for Predicting Purchase Behavioral Intentions: An Alternative to Fishbein", *Journal of Marketing Research*, Vol.17, No.2, 1980b, pp.153-172.

Warshaw, P. P., and Davis, F. D. "Self-Understanding and

the Accuracy of Behavioral Expectations", *Personality and Social Psychology Bulletin,* Vol.10, No.2, 1984, pp.111-118.

Warshaw, P. P., and Davis, F. D. "The Accuracy of Behavioral Intentions versus Behavioral Expectation for Predicting Behavioral Goals", *Journal of Psychology,* 1986.

Warshaw, P. R, and Davis, F. D. "Disentangling Behavioral Intention and Behavioral Expectation", *Journal of Experimental Social Psychology,* Vol.21, No.2, 1985, pp.213-228.

Warshaw, P. R. "Predicting Purchase and Other Behaviors from General and Contextually Specific Intentions", *Journal of Marketing Research,* Vol.17, No.1, 1980a, pp.26-33.

Webster, J., and Martocchio, J. J. "Microcomputer Playfulness: Development of a Measure with Workplace Implications", *MIS Quarterly,* Vol.16, No.2, 1992, pp.201-226.

Westbrook, R. A. "Product/Consumption-Based Affective Responses and Postpurchase Processes", *Journal of Marketing Research,* Vol.24, No.3, 1987, pp.258-270.

Woodruff, R. B. and Gardial, S. F., *Know Your Customer: New Approaches to Understanding Customer Value and Satisfaction,* Blackwell Business, 1996.

Yi, Youjae, "On the Evaluation of Main Effect in Multiplicate

Regression Models", *Journal of Marketing Research Society,* Vol.31, No.1, 1989, pp.133-138.

Zaltman, G., Duncan, R., and Holbek, J. *Innovations and Organizations,* New York: Wiley, 1973.

Zanna, M. P., and Rempel, J. K. "Attitude: A New Look at an Old Concept", in Daniel Bar-Tal and Arie Kruglanski, eds., *The Social Psychology of Knowledge*(New York: Cambridge University Press, 1988), pp.315-334.

Zeithaml, V. A., "Consumer Perceptions of Price, Quality, and Value: A Means-End Model and Synthesis of Evidence", *Journal of Marketing,* Vol.52, No.3, 1987, pp.49-68.

Zigurs, I., and Buckland, B. K. "A Theory of Task/Technology Fit and Group Support Systems Effectiveness", *MIS Quarterly,* Vol.22, No.3, 1998, pp.313-334.

Zwass, V. *Foundation of Information Systems,* McGraw-Hill International Editions, 1998.

부록: 설문지

안녕하십니까?

회사의 업무로 바쁘신 가운데 본 설문을 받아보시고, 응답하시려는 귀하께 연구자는 먼저 감사한 마음을 전해드리며 아울러 귀하의 건강과 무궁한 발전을 기원합니다. 이 설문은 귀하께서 이용하시는 회사의 지식경영시스템(Knowledge Management Systems: KMS)과 관련된 문항들로 귀하가 이해하시는데 큰 무리가 없는 내용들로 구성되어 있습니다.

과거의 연구들에서 사용자의 정보시스템 활용은 사용자 자신의 업무를 효율적/효과적으로 처리하여 생산성을 향상시키는 것으로 입증되어 왔습니다. 본 연구는 이러한 과거 연구들을 기초로 하여 정보시스템의 한 유형인 지식경영시스템(KMS)을 이용하는 사용자(들)를 대상으로 지식경영시스템(KMS)을 이용하게 하는 원인 변수들을 찾고, 이들 변수들과 지식경영시스템(KMS) 이용 간의 관련성을 조사할 목적으로 실시되고 있음을 알려드립니다.

귀하께서 본 설문 문항들에 응답하시기로 마음을 정하신다면 대략 10~15분 정도 소요될 내용들입니다. 응답요령은 질문 문항들을 보시고 귀하의 첫 느낌을 체크하시면 됩니다. 또한, 본 설문지는 무기명으로 조사되며 비밀 보장과 함께 학술적인 연구에만 이용될 것임을 약속드립니다. 다시 한 번 바쁘신 가운데 귀중한 시간을 할애해 주신 귀하께 감사드리며, 좋은 연구 논문이 작성될 수 있도록 성의껏 응답해 주시면 고맙겠습니다.

성균관대학교 경영학부 대학원
경영정보전공 박사학위과정

이 정 섭 드림

지도교수: 장 시 영

2002년 9월

연 락 처: (연구실) 02-760-0458 (HP) 019-425-8381

이 연구 결과를 받아 보시기 희망하시는 분들은 아래에 e-mail 주소를 적어주십시오.
e-mail주소:

※ 다음은 지식경영시스템(KMS)의 개념을 설명하여 귀하의 이해를 돕고 그 유형, 이용기간 및 시간 등을 질문하는 문항들입니다.

◆ 지식경영시스템(KMS)은 한마디로 회사의 지식을 관리하는 정보시스템입니다. 이 시스템은 회사 내부 직원들의 지식을 창출→저장/검색→전파→응용→(재)창출하는 지식순환과정을 지원하고 향상시키는 기능을 하는 시스템입니다.

◆ 귀하가 이용하는 회사의 지식경영시스템(KMS)은 다음 중 어느 유형인지를 하나만 체크(v)해 주십시오.

(1) 우리 회사의 지식경영시스템(KMS)은 회사 내부에서 자체적으로 개발/구축되어 운영중인 시스템(예: 인터넷을 이용한 사내통신망 유형 － 인트라넷(intranet))이다.
(   )
(2) 우리 회사의 지식경영시스템(KMS)은 회사 외부에서 구매되어 운영중인 시스템(예: 전문 KMS 개발 업체의 제품－외국 Lotus Notes, 국내 ComTrue-KMS 등)이다.
(   )

◆ 귀하는 회사의 지식경영시스템(KMS)을 몇 개월 동안 이용하셨습니까? (   )개월

◆ 귀하는 평균적으로 회사의 지식경영시스템(KMS)을 매일 몇 시간 정도 이용하십니까? (   )시간

※ 다음 문항들은 귀하의 지식경영시스템(KMS) 이용과 관련된 내용들로 귀하의 느낌을 보기와 같이 체크해 주십시오.

<보기>

	전혀 아니다.			보통			매우 그렇다.
	1	2	3	4	5	6	7
나는 이 시스템의 이용에 대해 전반적으로 만족한다.					V		

◆ 시스템의 유용성

	전혀 아니다.			보통			매우 그렇다.
	1	2	3	4	5	6	7
1. 나는 지식경영시스템(KMS)을 이용하여 업무의 성과를 향상시키고 있다.							
2. 나는 지식경영시스템(KMS)의 이용으로 업무의 생산성을 증대시키고 있다.							
3. 나는 지식경영시스템(KMS)의 이용으로 업무의 효과성을 증가시키고 있다.							
4. 지식경영시스템(KMS)은 나의 업무에 매우 유용하다고 생각한다.							

◆ 시스템 이용의 편리성

	전혀 아니다.			보통			매우 그렇다.
	1	2	3	4	5	6	7
5. 나는 지식경영시스템(KMS)과의 상호작용(예: KMS 이용)에 많은 노력이 필요하지 않다.							
6. 나는 지식경영시스템(KMS)과의 상호작용이 명확하고 이해하기 쉽다고 생각한다.							
7. 나는 지식경영시스템(KMS)의 이용이 편리하다고 생각한다.							
8. 나는 지식경영시스템(KMS)에서 내가 원하는 작업을 할 수 있다.							

◆ 업무 관련성

	전혀 아니다.			보통			매우 그렇다.
	1	2	3	4	5	6	7
9. 나의 업무에서 지식경영시스템(KMS)은 중요하다.							
10. 나의 업무와 지식경영시스템(KMS)의 이용은 관련성이 높다.							

198

◆ 이미지

	전혀 아니다.			보통			매우 그렇다.
	1	2	3	4	5	6	7
11. 지식경영시스템(KMS)을 잘 이용하는 사람들은 그렇지 못한 사람들보다 회사에서 신망이 높다.							
12. 지식경영시스템(KMS)을 잘 이용하는 사람들은 자신의 경력관리에 도움을 받는다.							

◆ 시스템/정보 접근성

	전혀 아니다.			보통			매우 그렇다.
	1	2	3	4	5	6	7
13. 내가 지식경영시스템(KMS)에 접근하는데 어려움이 없다.							
14. 나는 지식경영시스템(KMS)을 통해 다른 부서의 정보에 쉽게 접근한다.							
15. 필요한 정보검색(접근)에서 지식경영시스템(KMS)의 응답(반응)은 빠르다.							

◆ 정보/결과 품질

· 정보 품질	전혀 아니다.			보통			매우 그렇다.
	1	2	3	4	5	6	7
16. 우리 회사의 지식경영시스템(KMS)은 나의 업무에서 필요로 하는 정확한 정보를 제공하고 있다.							
17. 우리 회사의 지식경영시스템(KMS)은 과거에는 가용(이용가능)하지 않았던 새로운(최신) 정보를 제공해 주고 있다.							
18. 내 업무에서 발생한 문제(들)를 분석하기 위해 나는 지식경영시스템(KMS)에서 산출된 정보를 이용하고 있다							

· 결과 품질	전혀 아니다.			보통			매우 그렇다.
	1	2	3	4	5	6	7
19. 내가 지식경영시스템(KMS)을 이용하여 획득한 결과물의 품질은 높다.							
20. 나는 지식경영시스템(KMS)에서 산출된 결과물에서 문제점을 발견하지 못하였다.							

◆ 이용의 자발성

	전혀 아니다.			보통			매우 그렇다.
	1	2	3	4	5	6	7
21. 나는 지식경영시스템(KMS)을 자발적으로 이용한다.							
22. 회사의 상급자가 지식경영시스템(KMS)의 이용을 강요하지 않아 내가 자유롭게 이용할 수 있다.							

◆ 결과의 유형성

	전혀 아니다.			보통			매우 그렇다.
	1	2	3	4	5	6	7
23. 지식경영시스템(KMS)으로부터 산출된 결과에 대해 타인들과 대화하는데 어려움이 없다.							
24. 지식경영시스템(KMS)은 이용 결과를 나에게 명료하게 보여준다.							

※ 다음은 지식경영시스템(KMS)을 이용할 때 귀하의 시스템 이용 시 자신감을 알아보는 문항들입니다.

<보기>

(아래 문항을 먼저 보시고) ……	나는 이 시스템을 이용하여 내 작업을 원활하게 처리한다.					
	전혀 아니다.			보통			매우 그렇다.
	1	2	3	4	5	6	7
누군가가 시스템 사용방법을 순차적으로 가르쳐 준다면,					**V**		

(아래 문항들을 먼저 보시고) ……	나는 지식경영시스템(KMS)을 이용하여 내 작업을 원활하게 처리한다.					
	전혀 아니다.			보통			매우 그렇다.
	1	2	3	4	5	6	7
25. 주변에 있는 사람들이 내 작업을 도와 주지 않더라도,							
26. 과거에 지식경영시스템(KMS)과 유사 한 시스템을 이용하지 않았더라도,							
27. 참조할 시스템 매뉴얼이 있다면,							
28. 다른 사람들이 지식경영시스템(KMS) 을 이용하는 것을 본다면,							
29. 내가 도움을 요청할 사람이 있다면,							
30. 업무를 마치도록 충분한 시간을 갖고 있다면,							
31. 초기에 어떤 사람이 지식경영시스템 (KMS)의 이용 방법을 가르쳐 준다면,							

※ 다음은 귀하가 지식경영시스템(KMS)을 이용할 경우 조직차원의 보
　상, 사회적(주변 환경의) 영향에 관한 것입니다.

◆ 지식경영시스템(KMS) 이용에 대한 보상

	전혀 아니다.			보통			매우 그렇다.
	1	2	3	4	5	6	7
32. 우리 회사는 지식경영시스템(KMS)에 자신의 지식을 제공한 직원(부서)들에게 보상(예: 금전적)을 주고 있다.							
33. 우리 회사는 지식경영시스템(KMS)을 통해 직원(부서)들의 지식을 회사 내부에 전파/공유시키기 위해 많은 노력(예: 공헌도가 큰 직원(부서)을 표창 또는 인사상의 혜택 등)을 기울인다.							

◆ 사회적(주변 환경의) 영향

	전혀 아니다.			보통			매우 그렇다.
	1	2	3	4	5	6	7
34. 나의 행동에 영향을 주는 사람들(예: 경영진, 상사, 직장동료 등)은 내가 지식경영시스템(KMS)을 이용해야 한다고 생각한다.							
35. 나에게 중요한 사람들이 내가 지식경영시스템(KMS)을 이용해야 한다고 생각한다.							
36. 회사에서 지식경영시스템(KMS)은 나와 가까운 동료들에 의해 자주 이용되고 있다.							
37. 회사에서 지식경영시스템(KMS)은 다른 직원들에 의해 많이 이용되고 있다.							

※ 다음은 지식경영시스템(KMS)과 관련하여 귀하의 감정 상태를 알아
보는 문항들입니다.

· 정서	전혀 아니다.			보통			매우 그렇다.
	1	2	3	4	5	6	7
38. 나는 지식경영시스템(KMS)으로 작업 하는 것을 좋아한다.							
39. 나는 지식경영시스템(KMS)으로 작업 을 시작하면 중단하고 싶지 않다.							

· 즐거움	전혀 아니다.			보통			매우 그렇다.
	1	2	3	4	5	6	7
40. 나는 지식경영시스템(KMS)을 이용 하는 동안 즐거움을 느낀다.							
41. 나는 지식경영시스템(KMS)의 이용 이 재미(흥미)있다고 생각한다.							

· 두려움	전혀 아니다.			보통			매우 그렇다.
	1	2	3	4	5	6	7
42. 나는 지식경영시스템(KMS)으로 작 업할 때 마음이 불안해진다.							
43. 나는 지식경영시스템(KMS)을 이용해 야 한다고 생각하면 걱정이 앞선다.							

※ 다음 문항들은 귀하가 느낀 지식경영시스템(KMS)에 대한 가치와
이용 의도에 관한 것으로 특히 가치에 대한 개념을 읽으신 후 응답
해 주시면 감사하겠습니다.

◆ 가치의 개념
  : 개인이 어떤 대상(예: 시스템, 상품)에서 일반적으로 느끼는 가치는
  그 대상을 이용(구매)하기 위해 투자한 요소(예: 금전적/비금전적—
  시간, 노력)에 상응하여 개인이 얻는 이득(혜택/이익)을 말합니다.

◆ 지식경영시스템(KMS)에 대한 가치

	전혀 아니다.			보통			매우 그렇다.
	1	2	3	4	5	6	7
44. 우리 회사의 지식경영시스템(KMS)은 내가 투자(시간, 노력)한 만큼 나에게 이득을 주는 시스템이다.							
45. 나는 지식경영시스템(KMS)을 이용할 때 많은 혜택(예: 업무 (비)관련 도움 및 효익)을 제공받는다고 느낀다.							
46. 나는 그동안 우리 회사의 지식경영시스템(KMS)을 이용하여 손해(예: 시간낭비)를 보았다고 생각한 적이 없다.							

◆ 이용 의도

	전혀 아니다.			보통			매우 그렇다.
	1	2	3	4	5	6	7
47. 나에게 지식경영시스템(KMS)의 접근이 허용된 경우, 나는 이를 이용하겠다.							
48. 나에게 지식경영시스템(KMS)의 접근이 자유로운 경우, 나는 이를 이용하겠다.							

※ 다음은 귀하의 일반 사항에 관한 내용들입니다.

1. 귀하의 성별은 어떻게 되십니까? 남(   )/여(   )

2. 귀하의 연령은 어떻게 되십니까? 만(   )세

3. 귀하의 학력은 다음 중 어느 경우에 속하십니까?
   고졸(   )/전문대졸(   )/대졸(   )/석사(   )/박사(   )/기타(   )

4. 귀하의 직무분야는 다음 중 어느 경우에 속하십니까?
   인사·조직관리(   )/국내영업(   )/해외영업(   )/정보시스템(   )
   /재무·회계(   )/생산·운영(   )/기타(   )

5. 귀하의 회사 내 직급은 다음 중 어느 경우에 속하십니까?
   사원급(   )/대리급(   )/과장급(   )/차장급(   )/부장급(   ) / 임 원 급(   )/대표이사(   )

□□끝까지 설문에 응답하여 주셔서 매우 감사합니다.□□

· 저자 ·

이정섭(李政燮)

· 약력 ·

한국외국어대학교 상경대학 경영학과 졸업
한국외국어대학교 경영정보대학원 경영정보학 경영학석사
성균관대학교 대학원 경영학(MIS) 경영학박사
수원대학교 경영학부 초빙교수 재직
성균관대, 숙명여대, 동덕여대 등에서 강의
(현) 서울시립대학교 반부패시스템연구소 선임연구원 재직 중

· 주요논저 ·

『전자상거래 이론과 실습』
『엑셀을 활용한 경영의사결정』
「B2C 전자상거래에서 고객만족의 선행요인과 재구매의도에 미치는 영향에 관한 연구」
「효과적인 지식경영을 위한 사용자의 지식경영시스템 이용의도에 관한 연구」
「AHP 기법을 이용한 기업부패지수 측정과 개발」
「조직에서 사용자의 정보시스템 수용: 지식경영시스템의 경우」
「무선 인터넷 서비스의 사용자 수용」
「조직 구성원이 보유한 형식지와 암묵지의 조직소유 인식에 관한 탐색적 연구」
「기술수용모델의 확장과 사용자의 정보시스템 수용」
「상호작용 시스템을 이용한 상거래와 전통적 상거래에서의 고객만족 비교
　　-인터넷/TV 홈쇼핑/전통적 상거래를 중심으로」
「IT 아키텍처, 과연 새로운 접근방법인가?: 미국과 국내 사례의 비교분석을 중심으로」
「전사적 아키텍처 기획(EAP)을 통한 IT 아키텍처의 구축
　　-정보시스템 기획(ISP)의 새로운 패러다임」
「전자상거래를 통한 국내 인터넷 쇼핑몰 업체들의 기대이득과 경쟁전략」
「전자상거래와 전통적 상거래에서 고객이 지각한 가치 비교」
외 다수

본 도서는 한국학술정보(주)와 저작자 간에 전송권 및 출판권 계약이 체결된 도서로서, 당사
와의 계약에 의해 이 도서를 구매한 도서관은 대학(동일 캠퍼스) 내에서 정당한 이용권자(재
적학생 및 교직원)에게 전송할 수 있는 권리를 보유하게 됩니다. 그러나 다른 지역으로의 전
송과 정당한 이용권자 이외의 이용은 금지되어 있습니다.

효과적인 지식경영을 위한
지식경영시스템

• 초판 인쇄	2005년 10월 30일
• 초판 발행	2005년 10월 30일
• 지 은 이	이정섭
• 펴 낸 이	채종준
• 펴 낸 곳	한국학술정보㈜
	경기도 파주시 교하읍 문발리 526-2
	파주출판문화정보산업단지
	전화 031) 908-3181(대표)·팩스 031) 908-3189
	홈페이지 http://www.kstudy.com
	e-mail(e-Book사업부) ebook@kstudy.com
• 등 록	제일산-115호(2000. 6. 19)
• 가 격	13,000원

ISBN   89-534-3963-9 93320 (Paper Book)
        89-534-3964-7 98320 (e-Book)